Le présent est mon refuge

VÉRONIQUE JANNOT

Le présent
est mon refuge

XO
EDITIONS

ISBN : 978-2-37448-623-9

Au vivant,
À ceux qui illuminent les cœurs
et nous montrent le chemin,
À ceux qui me manquent,
À ceux qui partagent ma vie,
À l'amour,
À ma fille,
À ma mère toujours présente.

Lors d'une interview dans son émission *Les Grands du rire*, Yves Lecoq, avec son sourire en coin, m'a interpellée de façon inattendue. « Êtes-vous militante ? » J'ai été un peu surprise, me situant plus comme engagée que militante. Mais en définitive il n'avait pas tort de me poser ainsi cette question, à brûle-pourpoint. Car c'est un peu ce que je fais au long des lignes que j'écris ou des interviews que je donne, je milite. En douceur mais je milite. Pour un monde meilleur, pour une ouverture des consciences. Mes écrits ont toujours été une volonté d'échanger avec vous qui me lisez, sur les leçons que j'ai pu prendre de la vie au travers de mes propres doutes et épreuves, au travers des découvertes et des rencontres si enrichissantes que j'ai pu faire. Mon horizon multifacette et ma curiosité pathologique m'ont amenée à approfondir et comprendre des messages indispensables pour une vie plus harmonieuse et équilibrante. Aujourd'hui plus que jamais, dans ce monde en pleine révolution, les partager me semble important. Depuis si longtemps que je fais la route avec vous de près ou de loin, par les films, les chansons ou les écrits, je me sens comme autorisée en toute complicité à venir vous tenir compagnie le temps de cette lecture. Une conversation, un partage. J'espère que mes propos seront assez clairs, mes arguments convaincants pour vous donner envie d'aller voir d'un peu plus près ce chemin dont je parle souvent ou de retenter l'expérience de la méditation avec un petit peu plus de motivation et surtout un autre regard.

On parle beaucoup de méditation et de bien-être aujourd'hui et de nombreux livres sortent sur le sujet. Il n'y en a jamais eu autant. Le besoin de lire comme d'entendre des propos de sagesse est grandissant. Parce qu'on sent intuitivement que cette société nous entraîne vers de plus en plus de difficultés à vivre. Être vivant, dans tout ce que ça implique, devient de plus en plus compliqué. On parlerait plutôt de survivre, face à un flot environnemental, émotionnel et sociétal qui déborde, où il nous faut continuer à nager et à exister tant bien que mal.

Depuis longtemps, comme vous certainement, je suis spectatrice impuissante de ce « progrès » qui est une rupture grandissante entre l'économie et le monde vivant. Devant le constat de cette lente érosion du sens, il est normal de se tourner vers ce qui peut nous permettre d'en retrouver un peu. Se tourner vers la spiritualité n'est pas un phénomène de mode comme on me l'a souvent dit, mais une nécessité de plus en plus criante de se rapprocher de l'essentiel. C'est se connecter à quelque chose de beaucoup plus grand que soi pour trouver ou retrouver du sens, voire du bon sens, et être en harmonie avec le vivant. C'est accepter l'impermanence d'un monde qui change tant dans ses valeurs que dans la façon de concevoir la vie. Il nous appartient de faire au plus vite la différence entre ce qui peut s'envoler et ce qui doit persister et s'ancrer. Tout d'abord, certains ont une mauvaise identification de ce qu'est la spiritualité et la confondent avec la religion. Quant à la méditation, n'en parlons même pas, pour beaucoup, c'est un truc de gourou. Je plaisante. Mais il est vrai que l'idée que l'on peut avoir de « la chose » est souvent bien loin de la vérité. Du coup, certains n'osent pas même l'approcher. D'autres baissent les bras à la première tentative, histoire de s'être donné bonne conscience, ou s'en méfient comme du diable, ou encore tout simplement n'en ressentent pas la nécessité. Manque de temps, de justification, d'envie : multiples sont les raisons avancées.

Je dois tout d'abord faire la confession que je ne suis pas la plus assidue des pratiquantes, car bien qu'en en connaissant les bienfaits, je ne m'y astreins pas assez régulièrement. Pour autant, je l'ai de façon permanente à l'esprit. Une forme de vigilance instinctive qui me souffle souvent des rappels à l'ordre. Parce qu'être dans le moment présent est la base de la méditation et que c'est devenu pour moi un réflexe, une habitude de vie, d'une certaine façon mon refuge. Dans mes livres précédents, je parlais déjà de méditation et invitais les lecteurs à en faire l'expérience. Les nombreux courriers que j'ai pu recevoir et les questions posées m'ont fait prendre conscience qu'essayer d'expliquer le **comment** est finalement bien moins important que d'expliquer le **pourquoi**. Car c'est bien là qu'est l'essentiel : « le pourquoi ». Car si la méditation est un travail solitaire, semblant pour certains relever d'une démarche égoïste, voire égocentrique, elle ne prend sa véritable dimension qu'après une pratique régulière, dont l'aboutissement est le chemin vers l'autre. Elle aide dans un premier temps à gérer le stress, à vaincre des peurs, sans aucun doute à rester maître de ses émotions, et à identifier les événements de façon beaucoup plus objective. La méditation est un réel travail sur soi, dont on ne peut sortir que grandi, libéré de certains pièges de ce sacré mental qui peut nous faire tant de mal. Croyez-moi, je suis sûre que vous vous découvrirez autrement et que vous serez peut-être même une inspiration pour ceux qui vous entourent.

Thich Nhat Hanh, ce merveilleux maître, moine philosophe, dit que « la méditation n'est pas l'évasion, mais une rencontre sereine avec la réalité ». C'est une si belle définition.

Ouvrir les yeux

Comment ne pas éprouver l'envie d'écrire encore et encore devant le constat de l'évolution de notre société et de l'humanité où justement vont de pair des élans formidables de solidarité, et une telle distance entre les êtres. Comment ne pas être révoltée par ce manque de transparence et d'honnêteté, contre l'ignorance dans laquelle on nous maintient ? Comment avoir encore confiance tant dans le domaine de la consommation que dans le domaine médical adossé aux puissants lobbies chimiques et pharmaceutiques ? Bien sûr me direz-vous, j'enfonce des portes ouvertes, car ce n'est pas une découverte, mais la crise sanitaire que nous avons passée a mis le pire en lumière. Le meilleur aussi, grâce à l'humanité parfois si présente des soignants. Ces mêmes soignants qui, malgré tout, pressés par l'urgence et le manque d'effectifs, se sont retrouvés à faire des choix difficiles, ces soignants qui, sortis de certaines injonctions de leur hiérarchie, ont utilisé d'autres remèdes, ces soignants qui, au risque de perdre leur travail, sont restés ouverts à une autre approche médicale et fidèles à leurs convictions. Ils ont été les premiers à souffrir de ces manques qui ne leur permettaient pas d'exercer leur métier comme ils le souhaitaient. Il est toujours important de ne pas faire de généralités. Quand on laisse l'humain exister, il sait construire le pont indispensable avec la douleur du patient.

Quelques hôpitaux ont l'ouverture d'esprit d'accueillir de précieux compléments de traitements dans l'intérêt de leurs patients. Je pensais naïvement que la médecine était en train d'évoluer en ouvrant enfin officiellement ses portes à des médecines alternatives et parallèles alors qu'il n'en est rien, bien au contraire. Aujourd'hui, parmi plus de quatre cents médecines douces recensées dans le monde, seules quatre d'entre elles, à savoir l'homéopathie (bien que des souches homéopathiques partent au panier sans raison), l'acupuncture, l'ostéopathie et la mésothérapie sont reconnues par l'incontournable Ordre des médecins. Reconnues mais remboursées à titre exceptionnel. On va jusqu'à attaquer maintenant l'existence des huiles essentielles les plus basiques. Les herboristes ont quasiment disparu. J'ai l'impression que nous sommes en France en plein recul sur le sujet. Que là où l'on parle de progrès, je ne vois que régression. L'être et la liberté d'être sont de plus en plus mis à mal. À quoi devrons-nous nous adapter demain ? C'est en cela qu'il y a urgence à développer une dimension qui nous appartient, qui nous rend plus adaptables, plus autonomes, plus proches de nous. De nous et des autres, aussi paradoxale que cette formule puisse paraître pour certains. Que faut-il garder, préserver, et que pouvons-nous laisser de côté ? Arrêter de courir sans savoir où l'on va, parce qu'on nous a formatés pour courir et qu'il faut aller de plus en plus vite. Trop vite. Laisser la place à l'improvisation et à notre propre intuition. Comprendre l'importance de notre précieuse vie humaine et tout faire pour ne pas la gâcher, trouver notre vraie place, gérer nos contradictions, nous accepter avec nos défauts et nos qualités, prendre confiance en soi, vaincre nos peurs. Tout cela pourrait vous sembler être un programme inatteignable et pourtant, avec le temps et de la motivation, il est à la portée de chacun.

La crise sanitaire a eu plusieurs effets pervers sur ce chemin puisqu'elle a empêché les gens de se retrouver, d'échanger. Les enfants n'ont connu que des visages masqués sans pouvoir capter les expressions ou les mouvements des lèvres, et les jeunes ont été privés de toute rencontre alors qu'ils étaient en pleine construction sociale, que le regroupement était quasi vital pour eux. D'où tant de dépressions. La solitude n'a jamais été aussi désespérément présente. Tous nos repères et nos habitudes ont été bousculés. Vous côtoyez votre voisin, pourtant vous portez en filigrane une retenue. C'est sournois, infime parfois, mais c'est là. Et ce constat m'attriste. C'est certainement pour cela que j'ai senti le besoin de reprendre la plume. Parce que si mon propos est de vous faire connaître ou de vous rappeler l'outil merveilleux qu'est la méditation, c'est avant tout pour parler de l'humain, de tout ce qu'on aurait tendance à ne pas voir, ou à oublier. La pression de ce monde en pleine révolution est énorme et nos pas de plus en plus hésitants, car il peut vraiment nous faire perdre confiance en nous. Non ? Si vous répondez « non » c'est que vous êtes très avancé sur le chemin de la spiritualité ou que vous n'en êtes pas conscient. Cette lecture vous sera d'autant plus précieuse. Nous sommes tellement soumis à des injonctions d'avancer, de performer, que nous pouvons facilement passer à côté de nous sans même nous en rendre compte. Notre attention n'est pas mobilisée au bon endroit. Vivre en conscience de ses pensées et de ses actes n'est pas un vain mot, et en cultivant cette habitude vous deviendrez vite spectateur de vos erreurs de jugement et de comportement. Ensuite libre à vous de vous y complaire ou pas. Mais vous n'aurez plus d'excuse.

Beaucoup écrivent sur la méditation, dans des genres différents. Psy, philosophes, penseurs. Je ne joue bien sûr pas dans cette cour des grands, j'essaie humblement de partager encore et toujours ce que j'ai pu entrevoir des bienfaits de cette pratique. Cependant tout ça ne se fait pas en un jour, ni ne tombe du ciel un beau matin. Le premier livre qui pour moi a ouvert cette porte est *Le Prophète* de Khalil Gibran, puis celui de Sogyal Rinpoché, *Le Livre tibétain de la vie et de la mort*, et enfin *Les Chemins de la sagesse* d'Arnaud Desjardins. Ce sont certainement ces trois premiers ouvrages qui m'ont profondément touchée et amenée à approcher tout cela de plus près. Ensuite il y a tous les livres dont le titre nous parle et irrésistiblement nous attire. Et c'est comme cela que pas à pas on ressent, on comprend et on avance. Peut-être en se sentant moins seul. De même que le souvenir d'une personne qui a accompagné votre vie à un moment important vous marque à jamais et vous tient la main quoi que vous fassiez, l'expérience que vous allez acquérir de cette nouvelle perception de vous-même sera toujours à vos côtés.

La conscience de l'instant présent, le fameux « ici et maintenant », est la première règle à observer. Nous sommes toujours pris en tenaille entre le passé et le futur. Mais si rarement dans le présent. Si je parlais de religion, on pourrait m'accuser de prosélytisme, mais c'est bien de spiritualité que je parle. La spiritualité comme la méditation n'ont rien à voir avec la religion encore une fois. La spiritualité libère et élève l'homme. La religion seule, non. L'histoire en témoigne au fil des siècles.

Souvent dans les interviews on me parle de ma « conversion » au bouddhisme. Non, pourquoi se convertir… Je me définirais comme chrétienne d'héritage parental, bouddhiste car c'est avant tout une philosophie de vie qui peut se pratiquer sans conversion aucune à une autre religion et animiste car, inspirée par les peuples premiers, je vois la manifestation divine dans tout ce qui fait exister la vie.

La pratique de la méditation nous fait prendre conscience de cette appartenance complète au monde qui nous entoure, de ces liens entre nous et l'univers. De cet espace qui est le nôtre réellement. Les barrières tombent. Nous sommes du même coup beaucoup plus présents aux actes de notre vie, anodins ou importants, d'une certaine façon plus responsables. Le regard que l'on porte sur les situations, les événements ou les autres, change. Et plus rapidement qu'on peut le penser. Plus nous pratiquons, plus nous faisons preuve de discernement dans l'identification des situations. Plus nous sommes conscients de nos besoins fondamentaux, plus nous prenons de l'espace, et moins nous sommes la proie de la propagande, de ce que l'on nous propose à tous les niveaux, et d'une société de consommation qui nous étouffe de fausses joies et de petits plaisirs. Certains ne voient pas l'utilité de cette démarche. « Ça sert à quoi ? » Grande question. Je vais répondre dans les grandes lignes, mais vous seul identifierez petit à petit ce qu'elle vous apporte. En fonction de votre propre histoire, de vos propres bagages. Une chose est sûre, c'est qu'elle vous emmènera vers plus de joie et de liberté d'être. Vers des réactions qui ne seront pas bêtement épidermiques car méditer aide, entre autres, à combattre une certaine forme de susceptibilité. Cette dernière n'est pas des plus faciles à vaincre, c'est certain. Nous sommes tous plus ou moins susceptibles. À prendre très vite un mot ou une remarque pour une attaque et à être prêts immédiatement à dégainer. Puis on se rend compte que l'on a dégainé trop vite, mais on se retrouve un peu coincé. Nous avons tendance à prendre les choses pour nous, et à laisser notre petit ego faire des siennes, nous entraînant à vitesse grand V dans une parano qui engendre un règlement de compte immédiat, des mots que l'on regrette souvent, une guerre stérile qui sur le fond n'a pas de raison d'être. Tout ça parce qu'une simple réflexion mal à propos a été perçue comme plus agressive qu'elle ne l'était, et le danger largement surestimé. L'autre réaction à une situation mal interprétée est encore la pire : quand on attend un remerciement pour un service rendu, par exemple, qui n'est pas venu assez tôt. On a très vite tendance à enfourcher une posture de fatalisme négatif et de repli. Alors qu'il vaut toujours mieux percer l'abcès, énoncer le problème, parfois se battre pour avoir une réponse. Parce que l'amitié ou l'affection mérite cette lumière, mérite de ne pas rester dans un non-dit qui finalement n'a pas vraiment de sens. Comme on dit bien souvent : le jeu n'en vaut pas la chandelle. Si vous avez dégainé un peu trop rapidement, au moins vous n'y ajouterez pas la mauvaise foi en vous engluant dans un conflit inutile. Beaucoup de propos que vous pourriez juger malveillants ne vous atteindront plus. Ou moins. On fait souvent de faux procès, on ne mène pas les bonnes batailles, on se trompe d'ennemi. Identifier les choses pour ce qu'elles sont réellement n'est pas une attitude qui vient en deux coups de cuillère à pot, comme on dit. Il faut du temps. Mais Rome ne s'est pas faite en un jour, et le travail sur soi est un long apprentissage. Loin de penser que cela est fastidieux, vous y trouverez une réelle source de satisfaction. Une impression de soulagement, de légèreté. Vous pouvez penser que ce sont des mots et que « c'est plus facile à dire qu'à faire », je vous répondrai « j'ai testé pour vous ». L'envers de la médaille de quelqu'un d'enthousiaste comme je le suis est aussi une tendance à la réaction trop immédiate suivie d'un regret ou plus qui me poursuit pour la journée. Cela a tellement été mon cas face à une hypersensibilité parfois difficile à gérer, que la distance que je suis parvenue à prendre dans certaines situations a résonné à chaque fois comme une victoire.

Vous apprendrez à lâcher prise. Même sur la méditation. Abordez cela avec décontraction et plaisir, surtout pas dans un sentiment de contrainte, sinon vous n'obtiendrez pas l'effet recherché.

La méditation est un choix

Aborder la méditation est un véritable choix, non une petite lubie qui nous passe par la tête. C'est le choix de partir à la conquête de sa liberté. De sa liberté intérieure, ce qui n'est pas rien, car votre liberté extérieure dirons-nous, celle qui est régie par des codes et des lois, ne dépend *a priori* pas de vous. En fait non ! Ces derniers mots ne sont pas tout à fait justes, compte tenu du fait que la méditation vous amènera une autre approche, un autre jugement, une meilleure identification de ce qui est bon pour vous et de ce qui ne l'est pas. C'est ce qu'on appelle la vue.

La vue

La vue, c'est la compréhension. C'est avoir un aperçu de la vérité. Identifier la nature de notre être et la nature des choses. Savoir les reconnaître pour ce qu'elles sont. La vue est vraiment le cœur de la méditation. Elles vont ensemble. Sans la pratique de la méditation, on n'arrive pas à la vue. C'est une expérience très personnelle. Nous changeons de longueur d'onde, en quelque sorte. De cet apaisement profond naît une sorte de lumière. Vous recevez et percevez la vie différemment. Vous êtes sur la fréquence de la vérité. Qu'est-ce d'autre finalement que la spiritualité ? Une notion ou plutôt une conscience de l'instant présent, de l'impermanence, du lâcher-prise, de l'interdépendance et de la responsabilité que l'on peut avoir envers l'autre. Car même si quelque chose est autorisé par la loi (que certains savent si bien contourner et détourner d'ailleurs à leur avantage), peut-être ne le ferez-vous pas si vous avez conscience qu'elle peut nuire à autrui. Parce que l'envie de faire le bien vient avec la méditation. C'est son accomplissement d'engendrer la compassion. Elle est le levain de l'âme. À l'instar du pain d'antan, il faut du temps, des étapes pour que tout se transforme en quelque chose qui vous nourrit réellement. Vous pouvez penser que vous n'êtes pas en mesure de faire le bien, que vous n'êtes pas en situation, mais il y a mille façons de faire le bien, même avec de petites choses anodines, simplement en ouvrant vos yeux. En portant votre attention sur celui qui croise votre regard ou votre chemin, en donnant un sourire. Nous ne sommes pas des étrangers. Il suffit simplement parfois d'être ouvert pour que le monde change de couleur.

Comme dit Alexandre Jollien, il ne faut pas attendre d'être en pleine mer pour apprendre à nager. Il vaut mieux tenter l'expérience de la méditation quand les problèmes à gérer ne sont pas de trop grande importance. Ni non plus que tout aille bien à l'extérieur pour commencer son travail intérieur. C'est un peu comme prendre de l'avance. Inévitablement des contrariétés, des accidents de parcours, des chagrins nous attendent. Peut-être les aborderez-vous un peu autrement car vous aurez déjà appris à prendre du recul, à voir les choses différemment, à relativiser, à reconnaître les choses pour ce qu'elles sont, déshabillées de vos *a priori*, de vos résonances, de vos réactions excessives, de vos attentes ou tout simplement de votre humeur du moment. Le bon méditant n'est pas zen à tout prix, mais libre d'être lui. C'est tentant, non ? En s'appliquant à une petite discipline mentale, on prend conscience de l'empreinte excessive qu'a pu laisser un détail mal interprété, et des désordres multiples qu'il peut engendrer tant au niveau des relations que sur votre santé. Car dans le jeu des dominos, nous pouvons être champions. Il faut arrêter de penser que les problèmes s'arrangeront avec le temps. On ne fait que mettre des couches successives sur des braises qui un jour où l'autre redeviendront flammes. Les douleurs de l'enfance, par exemple, doivent être explorées et soignées. Une sensation d'abandon vous rattrapera toujours sur une autre route et pourra nuire profondément à une relation ou vous gâcher la vie alors qu'elle n'a plus de raison d'être. Il faut parvenir à identifier le sentiment de mal-être, d'angoisse qui surgit comme ça, subitement, et que l'on a pris le parti consciemment ou inconsciemment d'occulter. Il a forcément sa source. À vous de la trouver. Votre mieux-être et votre santé en dépendent. L'événement est une chose, mais c'est le ressenti qui compte. C'est à ce ressenti que votre corps va réagir.

Oser

Il faut oser. Oser le point par point, oser l'origine, oser la responsabilité, oser le retournement. « Ce à quoi l'on fait face s'efface, ce à quoi l'on résiste persiste. »

Qui n'a pas ses zones d'ombre ? Nous en avons tous. À nous de les identifier, de les accepter et de les apprivoiser. Je pense que nous sommes sur cette Terre pour chercher le bonheur et la lumière. Le bonheur est un vaste mot. Il n'y a pas plus vague, aléatoire, évolutif et relatif que ce Graal si convoité. Il est le terrain de jeu de nos humeurs et de nos contradictions et nous sourit souvent pour mieux nous échapper. Enfant, votre bonheur était d'avoir des bonbons, une jolie poupée ou une voiture téléguidée. Les lycéens hurleront de bonheur en voyant leur nom sur la liste des reçus au bac, la jeune femme vibrera intensément au bonheur du premier amour, puis s'épanouira dans le bonheur de son premier enfant, la femme d'âge mûr se réjouira du bonheur et de la réussite de ses enfants et d'avoir préservé son couple harmonieusement dans la complicité et le partage, ou dans le cas contraire goûtera le bonheur d'une nouvelle vie. Les séniors auront déjà tâté de la fragilité de l'existence et seront heureux d'être en bonne santé, de pouvoir profiter de leurs proches et de faire encore des voyages entre amis. Quant au quatrième âge, sur la dernière ligne droite, le bonheur sera année après année d'être encore là, de voir la naissance de leur arrière-petit-enfant, de ne pas être seul, ou au pire d'être dans une maison de retraite sympathique et de faire de bons petits repas. Dit comme ça c'est bizarre, non ? Simpliste ? Oui je vous l'accorde, très raccourci, mais dans les grandes lignes c'est le lot pourtant de la plupart des gens. Pour un SDF, le bonheur sera de recevoir un billet qui lui permettra de faire un dîner presque normal avec son pote de galère, et sous d'autres cieux où la guerre fait rage, le bonheur sera simplement d'être encore en vie le soir. Tout ça pour dire que le « bonheur » est aléatoire et n'est que le caméléon du moment. On le trouve parfois sans le chercher, mais le plus souvent on le rêve sans précision, comme un continent dont on voudrait atteindre la berge sans avoir la moindre idée de l'embarcation qui va nous permettre de poser le pied dessus. Le vrai voyage n'est pas de chercher de nouveaux paysages mais un nouveau regard. Votre bonheur dépendra de l'aptitude que vous aurez à trouver votre vérité. Si nous avons trouvé notre cohérence profonde, notre harmonie en nous et non dans l'attente permanente d'événements extérieurs, alors nous ne perdons jamais contact avec ce versatile compagnon de vie qu'est le bonheur. En attendant, le bien-être que l'on peut ressentir en vivant pleinement chaque petite joie grappillée est une réalité. Le sentier de la joie est celui qu'il faut prendre à tout prix et savourer autant qu'on le peut.

Rechercher la paix

Le dalaï-lama dit que la paix commence par soi-même avant de l'étendre à sa famille, puis à sa communauté… On ne peut parler de paix qu'en en ayant fait soi-même l'expérience. Vivre en paix n'est pas vivre sans conflits, mais avec nos conflits. C'est vivre de tellc manière que nos conflits se résolvent, se régulent et deviennent gérables sans qu'ils entraînent souffrance, violence ou haine. Comme on jardine, on entretient son terrain de paix. Cent fois sur le métier remettez votre ouvrage… La paix se construit par étapes et interactions successives. Dans le bouddhisme, on peut voir cette fameuse roue du dharma, qui ressemble à un gouvernail. Huit rayons, huit branches pour un enseignement qui vous amène à la compréhension de la nature des choses et à la libération de la souffrance. Ça vaut la peine d'approfondir, non ?

La méditation vous relie à la vie et engendre un véritable état de santé mentale. Elle nous apprend à ralentir et à apprécier le temps, à faire l'expérience de tout ce qui nous entoure selon notre propre manière d'être. Pratiquer la méditation est bien davantage qu'un geste symbolique. C'est exprimer un engagement à être présent, à faire l'expérience de la vie telle qu'elle est, plutôt qu'en fonction des attentes que nous avons pu avoir dans le passé ou de nos désirs concernant le futur. La joie et l'humour dans la vie quotidienne viennent du fait d'être totalement là. Méditer vous apportera définitivement un autre regard et changera votre rapport aux autres. Cela ne vous coûte rien d'essayer. Le dalaï-lama dit toujours d'essayer et d'essayer encore et que c'est seulement si l'on sent quelque chose résonner en nous profondément comme étant ce qui nous convient que l'on peut l'adopter. Il dit aussi que la première religion c'est d'avoir bon cœur. Pratiquer ce n'est pas seulement méditer, c'est avant tout un travail sur la bonté et la conscience. La gentillesse n'est pas un geste mais un art de vivre. La gentillesse change un paysage. Ceux pour qui cette valeur est importante sauront en partager les nuances. Être gentil aujourd'hui, c'est presque faire de la résistance. Alors entrez dans la résistance et prenez le maquis ! Agissez avec votre cœur, votre vérité, sans attendre de retour gratifiant des autres. Vivez d'abord cet état pour vous-même, pour votre bien-être. Le bien-être est un état contagieux en ce sens qu'il vous amène beaucoup plus facilement vers l'autre. Le sourire par exemple est un petit « sésame » qui modifie immédiatement l'attitude de la personne que vous croisez. D'ailleurs c'est un cadeau que vous pouvez vous faire à vous-même. Pourquoi les femmes se regardent-elles dans le miroir avec un regard si dur ? Prêtez attention à l'expression de votre visage quand vous essayez un vêtement. Votre regard est le plus critique et intransigeant qui soit. Ne me dites pas le contraire, je ne vous croirai pas. Je sais, je fais pareil ! Allez souriez-vous. Vous le valez bien !

Plaisanterie mise à part, s'aimer est important. Cela ne veut pas dire cultiver le culte du moi, ni devenir narcissique ou égocentrique. Surtout pas. Mais je crois que commencer par se réconcilier avec soi est incontournable. S'aimer est important pour mieux aimer les autres. Ou simplement pour mieux se vivre.

Une fois que l'on a trouvé sa vérité, il y a comme une libération qui rend tout beaucoup plus simple. Tant que l'on n'a pas fait ce chemin, on se laisse tellement vite prendre par les méandres du mental. Ce mieux-être sera un créateur spontané de lien social. La vie a un sens plus vaste que celui que l'on nous donne en exemple avec comme mot d'ordre « gagner et dépenser ». L'homme a d'abord besoin de prendre conscience de sa place dans l'univers, de retrouver un sens à sa vie. De croire au divin en lui (car c'est bien là qu'il faut d'abord le chercher) et de se connecter à sa lumière. Cette lumière intérieure que vous ressentirez est celle qui éclaire notre intuition et fait naître la paix.

La pleine présence

La méditation de la pleine conscience peut résonner comme quelque chose d'inatteignable. Si je vous dis « pleine présence », tout à coup cela vous semble plus acceptable et facile. Bonne nouvelle ! c'est par là que tout commence.

« Je n'y arrive pas, je suis trop impatiente, ça me gave de méditer. » Une amie hyperactive, hyper motivée, hyper tout et bien consciente du changement nécessaire à son mieux-être avait décidé de se mettre au yoga et partageait avec moi ces propos. De toute évidence, s'atteler à la pratique de la méditation était encore prématuré, puisqu'elle avait déjà du mal à tenir en place sur son tapis et à lâcher la projection mentale de ses rendez-vous professionnels et autres du lendemain. Son prof de yoga, sentant bien qu'il fallait procéder par étapes, lui a alors conseillé de méditer en coupant ses légumes, en prenant sa douche, en étant simplement pleinement consciente de l'instant qu'elle vit. Totalement. Sans se laisser distraire par le flot des pensées quotidiennes. C'est bien sûr une façon de méditer. À laquelle on ne pense pas tellement elle est simple. C'est une approche pour commencer. Le jardinage, le bricolage. Pourquoi se sent-on si bien après ? Ne cherchez pas plus loin, la démonstration est là. Alors si le prochain argument était : « Je n'ai pas le temps », c'est râpé. Il vous suffit de faire ce que vous aviez à faire, tout simplement. Mais différemment. En étant totalement à ce que vous êtes en train de faire. Pleinement concentré sur chacun de vos gestes. Je souris en écrivant ces lignes car j'imagine que certains vont se dire : « Ben ! évidemment que je pense à ce que je fais quand je travaille ou que je bricole… » Alors gardez bien ce passage à l'esprit la prochaine fois. Vous verrez à quelle vitesse votre esprit s'échappe vers d'autres horizons. Même marcher peut être un exercice intéressant. Quoi de plus automatique que la marche. Alors concentrez-vous sur le mouvement de votre pied quand il se pose, sur la façon dont il équilibre votre corps en sollicitant les muscles dont vous n'avez même pas conscience en temps normal. Ne cédez pas à l'automatisme. Cela paraît très simple pendant cinq minutes, mais essayez de prolonger l'expérience un peu plus longtemps. Ça n'a l'air de rien et pourtant ! Combien il est difficile de rester concentré en faisant obstacle aux pensées qui frappent à la porte…

Dharma. Refuge et solidarité

Dans le bouddhisme, il y a une cérémonie de « prise de refuge » que l'on verbalise en présence de son maître.

On pourrait interpréter ça comme une demande de protection puisque étymologiquement refuge implique la recherche d'un appui, d'un soutien ou d'un recours. En l'occurrence, pas du tout. C'est avant tout un engagement. Un engagement à suivre le chemin du « dharma » (le chemin des enseignements) pour atteindre la libération à travers la pratique et contribuer au bonheur et à la libération de tous les êtres. Développer l'intention altruiste, l'intention parfaitement pure. C'est un refuge au sens ultime, car il libère de l'existence conditionnée, par la pratique et l'évolution progressive. Ce refuge permet d'avancer, de se libérer peu à peu pour s'ouvrir aux autres. Cette activité positive est dédiée au bénéfice de tous les êtres. C'est le but de la pratique. Tout cela n'a rien d'un cocon. Dans son application au quotidien, le mot clé est « conscience ». Vivre en conscience de ses pensées et de ses actes. Faire attention à ne pas nuire. Être attentif à l'autre, et revenir à sa paix intérieure chaque fois que l'on peut le faire. Dans la conviction de l'interdépendance et de la connexion avec tous les êtres, avec toute forme de vie.

Même le plus grand progrès intérieur est vain s'il ne nous rend pas plus solidaires. La culture de soi peut vite sentir le renfermé si elle ne débouche pas sur une véritable ouverture aux autres. Si on reste dans la bulle de son ego, tout le monde est perdant.

Il faut parler, partager pour amener un maximum de gens à se rapprocher d'eux-mêmes, de leur être profond, de leur être véritable. Afin de prendre conscience de qui nous sommes dans ce monde, malmenés par nos incertitudes, nos émotions et nos peurs de toutes sortes, il faut faire l'expérience de cette perception d'ouverture au monde et aux autres. La pratique de la méditation est loin de se limiter à un safari perso égotique. La peur de souffrir est souvent une des raisons de l'isolement. Elle limite notre dimension et nous prive de notre liberté intérieure. Peur d'aimer, d'agir, de changer. Et du coup nous ne vivons pas l'autre face de la médaille avec toute la richesse des moments que nous pourrions connaître. Le premier pas pour avoir ce que l'on veut, c'est d'avoir le courage de quitter ce que l'on ne veut plus. Pour être heureux, il faut éliminer deux choses : la peur d'un mal futur, car la peur n'enlève pas le danger mais nous stresse, et le souvenir d'un mal passé qui entrave notre envie et notre perception du présent.

« Là où est ta peur est ta tâche. »
(Carl Gustav Jung)

Peut-on dissocier la méditation de l'impermanence, du lâcher-prise, de l'adaptation à chaque instant de notre vie chaotique, de l'instant présent qui s'enfuit sans qu'on l'ait même intégré tant nous sommes déjà ailleurs ? Nous sommes des êtres chaotiques. Difficile à entendre, surtout pour ceux qui pensent être tout à fait équilibrés. En l'occurrence, nous avons une mauvaise interprétation du chaos.

L'espoir dans le chaos

« Il faut porter du chaos en soi
pour accoucher d'une étoile qui danse. »
(Friedrich Nietzsche)

Nous sommes des êtres chaotiques, cela n'a rien de péjoratif. Au contraire, c'est plein d'espoir. En fait, la situation peut être chaotique, confuse, désordonnée, sans harmonie ni équilibre selon la définition du dictionnaire, mais notre être est évolutif. L'ordre peut émerger du chaos, comme notre propre dynamique d'évolution.

Lorsque j'ai été malade à 22 ans, qu'un crabe a bouleversé toute ma vie et que mes rêves d'enfant et de famille se sont retrouvés sens dessus dessous, j'étais en plein chaos, et l'envie de vivre m'avait quittée. Les précieuses lectures dont j'ai parlé ont été le premier pas, puis des circonstances m'ont guidée vers un maître et permis d'incarner les mots et d'aller plus loin. L'ouverture à la spiritualité et aux enseignements bouddhistes en l'occurrence m'a révélée autrement, et certainement rendue plus forte. J'ai entrepris des choses que je n'aurais sans doute jamais faites autrement. Vécu comme je n'aurais peut-être pas vécu. Évolué comme je n'aurais pas pensé évoluer. Chaque instant est précieux, chaque petite joie. Je m'amuse d'un rien comme d'un tout. Et je déploie ma curiosité dans cette soif de vivre juste. Toute découverte, toute rencontre est un cadeau.

On ne sait pas par quel chemin on arrive à soi. Il n'y a jamais de temps perdu sur la route où s'exprime notre précieuse vie humaine. Celle où nous pouvons penser et agir. Car être humain ne veut pas seulement dire profiter à fond de cette vie à travers nos sens mais chercher à en comprendre le sens. Je ne peux pas croire que nous passions pour rien sur Terre. Nous avons tous quelque chose à y faire. Nous sommes tous des colibris. Mais c'est le chemin que nous parcourons et les rencontres que nous approfondissons qui nous le font comprendre. Une simple phrase peut être un déclic déterminant pour votre vie.

Synchronicités

« Goûtez les émotions que la synchronicité vous apporte, son intensité, sa vitalité. Si elle est heureuse, savourez ce cadeau. »

(Isabelle Fontaine)

Vous avez probablement fait l'expérience de ces événements qui arrivent à un moment de votre vie l'un derrière l'autre et vous mettent sous les yeux un nouveau paysage à explorer, comme une évidence. Des épisodes successifs qui vous donnent la réponse à une question, comme une façon de vous guider, comme un encouragement ou un frein. Une rencontre, un signe. L'irrationnel peut jouer l'intrus dans votre vie organisée ou routinière et vous faire peur. Prenez-le plutôt comme un cadeau. Personnellement je suis très attentive aux signes. Il est à nouveau important d'être dans l'instant présent pour saisir la magie des synchronicités. Souvent, on pense fort à une personne qui vous appelle dans l'heure qui suit ou le lendemain. C'est une ponctuation de vie que j'adore. Un peu comme une conversation avec l'invisible. Ça suffit à me mettre en joie pour la journée.

Du pire peut naître le meilleur

Parfois, le chemin qui doit vous ramener vers votre véritable route peut être rude. Bien sûr vous ne savez pas qu'en vivant peut-être le pire moment de votre existence, vous tracez un chemin vers le meilleur. La chaîne peut être longue, et les maillons multiples. Mais chacun d'entre eux est pourtant nécessaire. Les pires et les meilleurs. Certains n'auraient pas fait le parcours de vie incroyable qu'ils ont réalisé sans un accident ou une maladie qui a tout remis en question. C'est une sacrée affaire que d'exister en conscience. La conscience basée sur un choix, issue de souffrances, d'erreurs, de blessures, d'échecs dont on s'est relevé, de victoires sur soi. C'est ce qui fait la richesse d'une personne. Choisir, tomber, se relever. C'est entre tout ça que se construisent une vie, une personnalité. On ne peut pas vivre de routine abritée. La vie est tissée des deux fils du plaisir et de la souffrance. Notre identité est la somme de nos douleurs et de nos joies. À refaire, je referais tout car tout est prétexte à me réjouir et à aimer, avec la conscience de l'éphémère, de l'impermanence. Je crois que c'est de la souffrance qu'on peut accoucher du bonheur d'être. Que pour connaître l'aube, il faut passer par le crépuscule. L'artiste en souffrance n'a-t-il pas accouché de ses plus grands chefs-d'œuvre ?

Notre existence est le résultat de notre conscience. Chaque décision en découle, chaque étape d'évolution. En fait, choisir la joie, l'amour et l'ouverture demande une attention constante. Être dans le moment présent, essayer de regarder le positif d'un événement et de conserver le recul et l'humour tant que faire se peut relève d'un véritable choix de comportement. Un choix de vie. C'est la raison pour laquelle nous devons apprendre à devenir ou à rester nous-mêmes par-delà les schémas culturels, éducatifs ou familiaux qui ont pu nous détourner de ce que nous sommes. Chaque individu doit pouvoir trouver lui-même la voie du bonheur qui lui convient, en fonction de ce qu'il est, de son caractère, de sa sensibilité, de ses forces et de ses faiblesses, de ses aspirations et de ses rêves. Cela demande force, honnêteté et vigilance. Ne pas se laisser embarquer dans des comportements contraires à nos valeurs n'est pas seulement une question d'éthique, mais une question de santé. Il est capital d'être dans sa cohérence, sinon notre corps finira par nous le reprocher. Dans l'approche de la médecine orientale, la maladie témoigne d'un obstacle à la réalisation du chemin de vie, et la santé est d'être aligné corps et âme.

Faire appel à soi

Notre époque est angoissante. L'angoisse n'a pas d'objet, à la différence de la peur. Ce n'est qu'un malaise. Un mal-être. Se détacher du stress n'est pas une mince affaire, mais c'est la première obligation. C'est devenu une question de survie. Et la méditation est le meilleur remède. Avec la pratique, elle se transformera en une arme. Une arme non violente. Il deviendra plus difficile de vous faire avaler des couleuvres que vous n'avez pas envie d'avaler. Et au pire, si les avaler est absolument incontournable, vous les avalerez plus sereinement. Vous n'y laisserez pas votre santé. Car le stress, cela a été scientifiquement reconnu, affaiblit votre système immunitaire. Ce n'est vraiment pas le moment, dans le contexte médical actuel où il faut attendre des semaines ou des mois pour avoir un rendez-vous avec un médecin, ou pour se retrouver aux urgences dans une interminable file d'attente.

Depuis quelque temps, on n'a jamais autant parlé de l'immunité. C'est d'ailleurs la première chose qu'il faudrait dire. À tout le monde. Boostez votre système immunitaire. Prenez ses meilleurs gardiens que sont le magnésium, le zinc, la vitamine D, la vitamine C, le sélénium. Il y a ce minimum de prévention à faire. Personnellement c'est ce que je fais. Les petites pilules à prendre le matin ne sont pas une contrainte. L'idée de les prendre à vie ne me gêne pas, bien au contraire, je suis plutôt heureuse de les avoir à ma portée et de pouvoir le faire.

Les gens en majorité ne se prennent pas en charge au niveau de leur santé. Parce qu'on ne leur a pas appris, et parce que rien n'est fait dans ce sens. C'est plutôt le contraire. Les compléments alimentaires qui sont faits pour renforcer l'organisme ne sont pas remboursés, et il faut être bien bien malade pour être pris en charge. Dans le cadre d'un traitement homéopathique, traitement du terrain par excellence, on peut facilement être victime de son impatience et décréter que ça ne fait pas d'effet, que ça ne marche pas. Parce que ça devrait marcher du premier coup. On est tellement habitué à ce que tout aille vite que notre appréciation de l'évolution de notre santé perd de son objectivité. Il ne faut pas attendre de miracle immédiat. Il faut trouver la source de toute chose. Accepter le temps nécessaire pour inverser une situation qui a mis du temps à s'installer. Votre corps ne s'est pas déréglé en une semaine. Sa marche silencieuse bien que bancale a mis des mois ou des années avant de perdre totalement l'équilibre. Il ne faut pas autant de temps pour inverser la tendance destructrice mise en place, Dieu merci, mais il en faut quand même un peu. Et la discipline doit être au programme. Cette fameuse discipline qu'il faut savoir s'imposer en conscience et transformer en plaisir.

Je ne parle bien sûr pas d'un accident de parcours purement physique qui nécessite une chirurgie ou une intervention d'urgence. Je parle plus d'un état de santé. Même de pathologies lourdes et handicapantes parfois où la médecine classique a dû baisser les bras.

Soyez patients. Trouvez votre médecine

Il y a tant de médecines à découvrir pour vous accompagner de façon plus naturelle, en faisant confiance aux possibilités infinies de votre corps et de votre esprit. D'autres méthodes, des traitements souvent moins chers, moins dangereux et finalement plus efficaces puisqu'ils agissent de concert avec les mécanismes de guérison du corps au lieu de les affaiblir. Je ne crois personnellement qu'à une médecine holistique, qui prend un patient dans son entièreté. On ne peut dissocier ce qui est un tout. Il y a plusieurs voies pour aborder son corps et sa bonne santé. L'homéopathie, l'acupuncture, l'auriculothérapie, la luminothérapie, la chromatothérapie, la fasciathérapie, la réflexologie plantaire, les ondes électromagnétiques pulsées, et tant d'autres. Mais aussi des techniques de massages bien ciblés et pratiqués par de bons thérapeutes, bien sûr.

C'était le sujet de mon livre précédent, *Au fil de l'autre*. Il me tenait à cœur d'ouvrir ces portes méconnues ou ignorées. Et les retours que j'ai eus ont été tellement magnifiques que je suis profondément heureuse de l'avoir écrit. Ce fut pour moi l'occasion de rencontrer des personnalités exceptionnelles dont j'ai pu modestement expliquer les travaux et que j'ai pu faire connaître à beaucoup qui n'en avaient même jamais entendu parler. J'ai beaucoup évoqué l'acupuncture, qui a été pour moi salvatrice. Également l'auriculothérapie, l'acupuncture dans l'oreille, qui m'a tellement aidée à l'époque à supporter les traitements de chimiothérapie. Physiquement et moralement. Mais il y a également des situations moins graves où j'y ai fait appel.

Par exemple, j'ai toujours très mal vécu les décalages horaires. L'un d'eux a été particulièrement déstabilisant. J'avais tout essayé à l'époque pour me sortir de cette impossibilité à retrouver le sommeil, me sentant comme une prise électrique que l'on est dans l'incapacité de débrancher. Aucune sensation de fatigue et plus aucune émotion. Étrange expérience. J'étais à l'époque en enregistrement d'un disque qui s'appelait *Si t'as pas compris*, sur une musique de Pierre Bachelet. Pour le coup, j'avais bien compris que j'étais incapable de mettre l'émotion que je souhaitais dans ce que je faisais et qu'il me fallait trouver d'urgence une solution. On a des moments d'intuition fulgurante qu'il faut écouter. J'ai repensé à ce que j'avais vécu des années auparavant après mon opération. J'avais eu la chance d'être accompagnée par le père de l'auriculothérapie, le docteur Paul Nogier. Il a été le précurseur de cette médecine. Oui je sais, on ne peut pas appeler ça médecine d'après le fameux Ordre des médecins, mais qu'importe. Pour moi, basiquement en tant que patient, j'appelle médecine ce qui me soigne. En l'occurrence, bien m'en a pris de réitérer. Une séance d'auriculothérapie avait suffi pour que tout rentre dans l'ordre. Gardez-le dans un petit coin de votre tête si jamais ça vous arrive.

L'année dernière, j'ai reçu un courrier formidable. Une thérapeute qui a découvert « l'endobiogénie » à travers mon dernier livre. Jean-Claude Lapraz et Christian Durafour ont initié cette formidable médecine intégrative. J'avais été séduite par ce discours sur l'utilisation des plantes. Je l'avais trouvé juste, inspiré et inspirant. Les plantes sont des systèmes vivants organisés au sein desquels s'exercent des fonctions identiques à celles de l'homme : fonctions d'assimilation, d'élimination, de détoxification, de protection. Savoir les utiliser n'est pas donné à tout le monde. C'est la synergie des principes actifs de plusieurs plantes qui portera ses fruits, non celle exclusive de l'un des nombreux principes actifs qu'elles contiennent. C'est dans ce dosage savant qu'elles peuvent répondre à la complexité du corps humain. On ne peut utiliser la plante sans une réflexion approfondie. Son usage médical relève de règles complexes, allant de l'action immédiate sur le symptôme à celle plus élaborée d'une vraie médecine de terrain. L'automédication n'est ici pas de mise. C'est une science très précise qu'il faut parfaitement maîtriser.

Pour avoir rencontré le docteur Lapraz et avoir testé cette médecine, je dois dire que l'analyse qu'il fait du fameux terrain est troublante. Il part pourtant d'une simple analyse de sang, mais l'interprétation qu'il va en faire une fois intégrée dans ses logiciels va incroyablement plus loin que celle réalisée au laboratoire de votre quartier. Vous en apprenez beaucoup sur votre fonctionnement. Physique, psychologique et émotionnel. Sur vos forces et vos faiblesses. Vos éventuels blocages. Lire et comprendre tout ça avec une simple analyse de sang est presque difficile à croire. Et pourtant…

La thérapeute dont j'ai parlé plus haut, qui m'a envoyé ce fameux courrier, voulait me remercier d'avoir mis en lumière cette thérapie qu'elle ne connaissait pas et qui a immédiatement résonné en elle, lui permettant de trouver sa motivation, sa cohérence, et d'atteindre son objectif professionnel. Elle a suivi une formation et exerce aujourd'hui. Des nouvelles comme ça, franchement cela fait chaud au cœur. Il ne faut pas hésiter à écouter ce qui résonne en vous. On ne sait jamais de quoi on est capable tant qu'on ne l'a pas essayé. Nous sommes souvent plus prêts que nous le pensons à changer de vie. Il n'y a qu'à voir « l'effet confinement ». Combien de familles ont changé radicalement d'environnement. À tous les niveaux. Sur le plan professionnel, beaucoup se sont réorientés vers des métiers qui leur correspondaient mieux que leur emploi exercé jusqu'alors. Une prise de conscience de cette course effrénée dans laquelle nous sommes entraînés et qui étouffe notre souffle de vie.

Nos *a priori*, nos peurs, nos frustrations, parfois liés à des histoires qui ne nous appartiennent pas mais que nos parents ou grands-parents ont connues, nous empêchent de nous réaliser. C'est encore le frein du mental. Nous ne pouvons changer nos matrices génétiques ? Ce n'est pas ce que nous expose Bruce Lipton, qui a observé toute sa vie les comportements humains. Pour lui, l'environnement dicte les comportements. Mais bien plus encore, j'en parlerai plus loin. Il y aura bien sûr toujours des exceptions, comme dans tout. Et encore une fois dans ce monde rien n'est certitude. Mais selon certains choix profonds que vous aurez faits, des habitudes de vie que vous aurez prises, vous orienterez votre vie différemment. Vous vivrez différemment, vous aborderez les situations différemment. Ne sous-estimez pas la force de votre mental. Ayez foi en vous. Là où il y a une volonté, il y a un chemin. Malgré les levées de boucliers régulières, les sciences de l'esprit, méditation, hypnose, hypnothérapie, sophrologie, yoga, etc., continuent à séduire toute une frange de patients. Leur impact sur le mental, et donc sur le corps, puisque les deux vont de pair, est souvent remis en question, car nous sommes dans un système où il faut prouver scientifiquement. Parce que qui dit thérapie dit efficacité dûment prouvée suivant des règles d'évaluation strictes comme c'est le cas lors d'essais cliniques. Mais pour des milliers de gens, elles ont déjà fait leurs preuves. La constatation d'un mieux-être suffit. Et c'est tout ce qui compte, quoi qu'en disent les scientifiques purs et durs.

Le « et » à la place du « ou »

Nous sommes un hologramme. Tout notre corps, sa cartographie en quelque sorte, est aussi dans la plante de nos pieds, ce qui permet à la réflexologie plantaire d'être un massage si efficace. Dans l'iris de notre œil (l'iridologie), le thérapeute voit tout. Quelles sont les réserves nerveuses et minérales de votre corps, son niveau d'acidité, les toxines qu'il n'arrive pas à éliminer et l'organe qui en est la cause. Information importante quand on sait que c'est sur un terrain acide que se développe plus facilement la maladie. Vous savez alors où est le problème et comment y remédier au mieux. Il n'y a rien de pire que de ne pas savoir. On sent qu'une guerre est à notre porte, mais on ne sait pas de quelle sorte, ni quelle arme prendre pour se défendre. Les armes sont multiples et surtout associables, ne l'oublions jamais. La médecine du corps est plus puissante associée à celle de l'esprit.

Je déplore profondément que le fonctionnement de la médecine ne sache pas assez se servir du « ET ». C'est « OU » ça, « OU » ça. Dans bien des cas, bien des pathologies, utiliser le « ET » serait salvateur, et beaucoup plus confortable pour les patients. J'enfoncerai toute ma vie ce clou. On pourra me le reprocher peut-être, mais qu'importe. C'est ma bataille depuis tant d'années que je ne vais pas m'arrêter là. Si on me demande la légitimité que j'ai à aborder ces sujets, c'est que j'en ai fait l'expérience dans ma chair et que j'en connais les bienfaits et les résultats. Et que j'ai beaucoup de personnes autour de moi qui ne peuvent que s'en féliciter aussi. C'est la seule réponse à donner à ceux qui sont aveuglés par leurs certitudes. Combien de médecins ne savent pas parler à leurs patients. Il y a la vérité, et plusieurs façons de l'annoncer. Il faut savoir trouver les mots justes. Il devrait y avoir davantage de cours de psychologie au programme des études de médecine, car sauf pour de rares exceptions c'est loin de faire partie de la panoplie. Pourtant, il faut savoir aider le corps autant que le mental. Le manque de temps, les *burn-out* des médecins, l'insuffisance de personnel sont les facteurs de cette perte d'humanité que l'on ne peut que constater. Il n'a jamais été aussi urgent de rester en bonne santé... Prévention, prévention !

Écouter son corps pour mieux en prendre soin

Il faut tester et écouter son corps. Lui sait ce qui est bon pour lui. Il faut savoir l'écouter. Si l'on prenait plus conscience de combien notre physique et notre mental sont liés, de l'importance de s'entretenir et de ne pas sous-estimer les chocs émotionnels ! Si nous ne pouvons être maîtres des situations qui se présentent, des déceptions ou des chagrins qui nous tombent dessus, néanmoins la façon de gérer les émotions nous incombe. La vague n'appartient pas au surfeur, mais la façon dont il va la négocier, dont il va garder son équilibre, ne dépend en revanche que de lui. Une rupture, un deuil, le départ des enfants, une trahison, une injonction de faire quelque chose qui pour vous est insupportable, qui va contre votre conviction ou votre être profond. Tout cela est générateur d'un stress que vous subissez et qui diminue votre système immunitaire. Ne l'oubliez pas et ne le traitez jamais par le mépris, ça ne marche pas. Vraiment, je ne saurais assez vous conseiller d'anticiper. Vous pensez dépasser le problème, mais votre corps accuse la douleur et la mémorise. N'hésitez pas à faire quelques séances d'acupuncture pour rétablir votre énergie. N'oubliez jamais que votre corps est votre premier véhicule. Que sans lui vous n'allez nulle part, que s'il n'est plus en état vous ne pouvez pas le remplacer et que même faire du stop ne sera pas possible. Alors soyez attentif à lui. La prévention doit être à l'ordre du jour et doit vous engager à prendre soin de votre terrain, ça commence par là. Quelle que soit l'importance ou la nature de la maladie, elle est avant tout l'expression d'un déséquilibre sous-jacent généré par l'état du terrain.

Malheureusement tous ces soins, qui sont presque péjorativement « de confort », sont rarement pris en charge, cette réalité est souvent une barrière. Et comme si ça ne suffisait pas, Big Pharma s'attaque à l'homéopathie et aux huiles essentielles. On ne peut pourtant pas nier leurs effets positifs à bien des niveaux. Curatifs quoi qu'en disent certains, préventifs et responsabilisants sans aucun doute. Cependant, il faut bien sûr se méfier de l'automédication et des abus. Mais face à cet argument, je me fais encore l'avocat du diable : ce n'est pas avec de l'huile essentielle de lavande qu'on se suicide. L'abus de certains médicaments bien connus peut entraîner des résultats autrement catastrophiques.

Le sport est évidemment un remède imparable contre le stress. Il permet de « purger » l'organisme et le système nerveux du trop-plein de tout ce que l'on peut accumuler dans une journée de contrariétés, compromis, tensions, et permet tout simplement d'être mieux dans son corps. La façon de porter son corps est importante. Elle en dit beaucoup. Un esprit sain dans un corps sain (citation bien connue). Il est important de prendre soin de notre véhicule terrestre, de notre enveloppe, même si l'on relativise.

Discipline et constance

Cela entraîne une discipline que d'avoir une hygiène de vie et rend l'approche de la méditation moins rébarbative. Il a été prouvé scientifiquement que nous pouvons changer le fonctionnement de notre cerveau grâce à sa plasticité. De petites séances régulières de méditation peuvent vraiment vous faire évoluer. La régularité est capitale. Comme pour le sport. Ce n'est que l'entraînement régulier qui peut aboutir à un changement notable. Il vaut mieux faire un peu de sport ou de gymnastique tous les jours ou tous les deux jours plutôt qu'une fois par semaine à fond. Plus les années sont là, plus votre corps pourrait vous jouer des tours. C'est en cela aussi que ma petite compagne à quatre pattes est un allié idéal. La marche est reconnue unanimement comme salutaire, voire impérative, à raison de 30 minutes par jour. Personnellement cela peut se réduire à 20 minutes, mais ce que je n'aurais parfois pas le courage de faire seule, car je n'aime pas la marche, je le fais pour mon chien, car c'est nécessaire pour lui. Et je ne déroge pas à mon quart d'heure de gymnastique chaque soir. Un mélange de yoga et de gymnastique douce avec beaucoup d'étirements. Quelques abdos au départ, mais tout en douceur. Cela me fait un bien fou avant d'aller dormir. Je m'endors moins bien si je fais l'impasse, et me réveille également moins en forme, bizarrement. Ma fille fait les mêmes étirements que moi le soir. Je suis heureuse qu'elle ait pris cette habitude. Je sais qu'elle continuera sur cette voie car elle en ressent les bienfaits. Notre corps est notre ami, et qu'il se porte bien est vital à tous les niveaux. Encore trop peu de gens ont cette conscience. On ne lui donne pas l'attention qu'il mérite. On ne l'écoute pas alors qu'il nous parle sans cesse. Il est pourtant notre meilleur allié. Car libre du mental, il sait ce qui est bon pour nous et ce qui ne l'est pas. Mais il est comme un piano et il a besoin d'être accordé.

Quand nous ne sommes pas en phase avec nous-mêmes, il nous le dit. Par une légère sensation d'angoisse, une petite fausse note dont on s'applique à ne pas tenir compte. Il ne faut pas mettre cette sensation dans sa poche avec un mouchoir par-dessus alors que vous venez de perdre l'harmonie. Vous devez vous réharmoniser. Le footing quotidien ou les séances de sport, même si elles sont importantes pour votre équilibre physique et mental, ne suffiront probablement pas. Il va vous falloir creuser un peu plus profond. Peut-être même là où vous n'avez pas envie d'aller.

Le coup du capuchon

Malheureusement, un accident de parcours peut vite arriver et vous confronter à l'indigence en termes d'humanité et au manque de professionnalisme et de compétences de certains médecins. Pour autant on ne parlera pas de charlatanisme. Ce n'est pas l'envie qui m'en manque. Ma dernière expérience de la médecine classique remonte à deux ans. Partie pour les vacances à la Réunion, je n'ai rien trouvé de plus intelligent que de me faire un petit shoot de spray de propolis dans la gorge que je sentais un peu irritée. Mal m'en a pris car le capuchon mis sous pression est parti sans crier gare et j'ai failli m'étouffer, avant de parvenir à l'avaler. Bref le voyage continue et je pense que tout est rentré dans l'ordre, sauf que dès le lendemain de mon arrivée sur cette île que j'adore, où j'ai tourné *Les Secrets du volcan*, je commence à me sentir de plus en plus mal. Plus les jours passent plus la fièvre monte. Je me décide à aller voir un médecin dans le centre bien connu de Saint-Paul. Le médecin me diagnostique une « laryngite aiguë ». Il semblerait qu'il y ait une épidémie en ce moment. Je lui parle pourtant bien de mon histoire de capuchon avalé par mégarde, mais pas de chance, « ça ne lui parle pas ». Vraiment ces actrices, et leur tendance à se faire des petits vélos… et je repars sans antibiotiques ni traitement particulier. Un petit sirop, et en avant, roulez jeunesse ! Sauf que deux jours plus tard, je ne peux plus rien avaler, ni à peine marcher. Et là c'est direction les urgences et au galop. Coup de chance, je tombe sur une médecin du nom de Stéphanie, aujourd'hui de garde, qui, elle, m'écoute et ne prend pas à la légère mon histoire de capuchon. « Moi ça me parle votre histoire de capuchon. »

Tout à coup j'ai l'impression que l'on m'entend. Elle m'envoie immédiatement au scanner, et bien évidemment, qui voit-elle bien blotti dans mon poumon droit ? L'enfoiré de petit capuchon. Et mon poumon rempli de pus, avec un début d'infection sur le foie. Coup de chance, un spécialiste était de passage qui est intervenu dès le lendemain matin et a retiré l'intrus. Cette intervention sous fibroscopie sans anesthésie n'a pas été des plus sympathiques, mais a eu l'avantage d'être rapide et efficace. Inutile de préciser que j'ai passé mes vacances aux urgences avec une fièvre de cheval. Mais j'ai en revanche été suivie par des doudous merveilleuses emplies de bienveillance et de bonne humeur. Et ça c'était formidable. On se sent tellement vulnérable dans ces moments-là. Leur gentillesse s'étendait à tous ceux qui étaient là, pour des raisons multiples. Le don gratuit. Je n'avais pas un traitement de faveur contrairement à ce que vous seriez tentés de penser. Elles étaient tout simplement d'une générosité et d'une bonne humeur incroyable. Ne parvenant pas à faire baisser la fièvre, elles ont fini par appliquer un remède de grand-mère, que je connaissais d'ailleurs. Une poche de glace glissée entre les jambes, appliquée sur l'aine et le périnée. Radical. Merci à ces anges de là-bas, d'ici, de partout, que sont les infirmières. J'ai toujours du mal à entendre parler d'elles comme des fonctionnaires. Leur travail est tellement loin de ce terme et leur sied si peu. Elles soignent le corps et l'âme. C'est vraiment une vocation. Elles ne sont pas récompensées par leur salaire. Bref, tout ça pour dire en gros que des charlatans il y en a partout, et qu'il ne faut pas s'abstenir d'avoir plusieurs avis. J'aurais pu mourir d'une septicémie dans cette île chère à mon cœur, à cause du mauvais diagnostic de ce médecin imbu de sa science et sans écoute, si je n'avais pas rencontré la compétence de Stéphanie, son attention et son supplément d'âme. Ah oui je m'énerve un peu, avouez quand même qu'il y a de quoi. Après avoir signé une décharge, j'ai repris l'avion pour Paris. La récupération a été longue, et je me sentais fatiguée au point de ne plus pouvoir marcher. J'ai beaucoup médité et prié dans mon canapé, je n'avais pas grand-chose d'autre à faire. Récupérer d'un problème pulmonaire est incroyablement long. Il m'a fallu six mois pour aller mieux et deux ans pour que les choses redeviennent tout à fait normales. Rétrospectivement, j'ai vraiment eu chaud.

Merci encore à Stéphanie et à mes super infirmières. Je suis emplie de gratitude quand je pense à elles. Et je pense alors à ceux qui ont accompagné la crise sanitaire à ses débuts. Souvenez-vous de ce rendez-vous qui n'est pourtant pas si lointain, où à vingt heures précises, les rues retentissaient des applaudissements pour les soignants qui risquaient leur vie et donnaient tout ce qu'ils pouvaient au moment le plus fort de la pandémie. Trouvez-vous juste que ces mêmes personnes se soient fait traiter d'irresponsables, de mauvais citoyens, presque d'assassins pour avoir refusé le vaccin ? Aujourd'hui, après que beaucoup d'eau et d'encre ont coulé sous les ponts, les soignants ont enfin été réintégrés. Malheureusement sans être dédommagés, contrairement à d'autres pays, et avec une épée de Damoclès au-dessus de leur tête en cas de nouvelle pandémie. Tout ça n'avait pas de sens et a plus ressemblé à un bras de fer qu'à une décision juste. Que l'on ait empêché les médecins de soigner et de prescrire a quand même été une grande première. Mais où est passé le serment d'Hippocrate dans tout ça ? À l'heure où je termine ce livre, je ne peux qu'être heureuse que cette injustice soit réparée. Mais reconnaissez que la gratitude est parfois bien volatile.

La gratitude

Parlons-en encore de la gratitude. On avance, on avance on avance… comme dirait Alain Souchon, en oubliant les pas que l'on doit à ceux qui ont traversé notre vie à un moment charnière de notre existence. Un regard différent sur vous, un conseil, un exemple. Il serait bon de penser un peu à eux, à ceux qui sont tombés dans le précipice de notre oubli ou qui le frôlent.

J'aime le mot gratitude. Certains sont mal à l'aise en revoyant quelqu'un qu'ils ont connu à un moment moins reluisant de leur vie aujourd'hui réussie, et qui leur est venu en aide de quelque manière que ce soit. C'est triste. Je trouve tellement beau au contraire de pouvoir être en gratitude envers quelqu'un qui a fait attention à vous, a pris soin de vous, a donné de son temps ou de son énergie. On ne croise pas forcément une personne bien intentionnée sur son chemin, dont le seul but est de vous venir en aide, comme ça, parce qu'il est ému par vous, parce qu'il a capté chez vous quelque chose dont vous-même n'êtes encore pas conscient et que d'autres ne voient pas. Pourquoi vouloir oublier cela ou en avoir honte alors que c'est une des plus belles choses qui soient. Réellement c'est un non-sens. C'est encore le piège de l'ego. On le retrouve partout décidément, cet ego, même si on ne veut pas le voir.

Demain nous appartient

C'est le titre de la série dans laquelle j'apparais de temps en temps, mais c'est aussi ce qu'il ne faut pas oublier : que demain nous appartient, et qu'il faut se donner le moyen de l'ensoleiller. Pas besoin d'être célèbre pour cela. D'ailleurs, qu'est-ce qu'être célèbre aujourd'hui ? Selon moi, ça ne veut dire quelque chose que si cela va de pair avec un engagement. Se servir de sa notoriété pour être la voix de ceux qui ne peuvent pas parler, sinon nous nous réduisons aujourd'hui à être des produits à la disposition des annonceurs et des chaînes.

J'ai eu beaucoup de bonheur à découvrir l'équipe de la série, établie dans la si jolie ville de Sète depuis plusieurs années maintenant, et cette ambiance familiale entre les comédiens. J'ai adoré cette expérience, mais aussi parcourir cette « petite Venise » et m'émerveiller des levers et couchers de soleil sur ses canaux. Je m'y suis rapidement fait des amis, et c'est à chaque fois un plaisir d'y retourner. J'avais pourtant des craintes en intégrant ce que je pensais être une « usine à images », mais je dois reconnaître que c'est un bel exercice. Et que les auteurs font un travail de fou avec le nombre d'intrigues à traiter dans l'enchevêtrement des histoires des différentes familles. Ils sont quand même dix-sept auteurs je crois à travailler sur la série. C'est énorme. Et c'est nécessaire, sinon ce serait impossible de tenir une telle cadence. Il nous arrive de jouer sur trois décors dans la journée avec trois metteurs en scène différents. Il faut une grande faculté d'adaptation pour ne pas en souffrir et je dois dire un certain lâcher-prise, aussi paradoxal que cela puisse paraître. Tourner pour une « quotidienne » est un travail très particulier. Tous les repères que l'on pouvait avoir sont ébranlés. L'exigence est différente. Les spectateurs pensent que nous nous connaissons tous, mais pas du tout. Il y a la majorité des acteurs que je n'ai jamais rencontrés, simplement parce que nous n'avions pas de scènes ensemble. Il m'est arrivé d'en croiser certains par hasard dans les rues de Sète où j'adore me promener, ou furtivement le matin au moment du maquillage. Voilà. En revanche, ma relation avec mes filles, « Sandrine et Victoire », alias Juliette et Solène, a été un pur bonheur. Une grande complicité est née de cette aventure. Parlerai-je aussi d'« Aurore », mon amie Julie Debazac, que j'appelle toujours ma petite sœur de cœur, avec qui j'ai ce lien si particulier depuis des années. J'ai eu tellement de plaisir à pouvoir enfin jouer avec elle. Ces tournages sont des retrouvailles. Nous n'avons pas le temps de nous voir beaucoup, car le rythme est intense, et les textes à travailler sont chronophages, mais c'est bon quand même. Et je me souviendrai toujours des cours de Pilates organisés chez « mes filles », où les fous rires étaient de mise. Tout n'est pas toujours lisse et agréable sur une grosse machine comme celle-ci. Il y a des situations qui ne sont pas faciles à digérer parfois. Il est arrivé à certains comédiens de découvrir qu'ils quittaient la série en recevant leur texte. Leur mort ne laissait pas d'alternative, à part une résurrection miraculeuse. C'est déjà arrivé. Il y a eu Bobby dans *Dallas* et Frank Monsigny dans *DNA* (sourire). Et c'est tant mieux parce qu'on l'adore.

Prendre soin des gens demande du temps et ce n'est pas ce qu'il faut s'attendre à trouver sur ce genre d'aventure où tout est urgence. C'est là qu'il faut savoir prendre ce qui est bon et faire « plume de canard » sur ce qui ne l'est pas. En gros, « laisser glisser ». Même si chacun est malgré tout un peu dans l'angoisse des desiderata sans appel de la chaîne, influencée à chaque sondage par les avis des internautes. À tort ou à raison, ce monde a toujours eu la réputation d'être un panier de crabes, mais quand même ! Je trouve qu'avec le temps il est devenu de plus en plus cruel. Le respect s'est un peu perdu en route. Je suis si privilégiée d'avoir connu ce que j'ai connu à la belle époque ! Là encore je suis en gratitude.

La joie de l'instant présent

Il y a aussi une autre forme de gratitude. En se réveillant le matin en bonne santé, avec un joli toit au-dessus de sa tête, savoir que l'on va retrouver ceux qu'on aime peut nous mettre en situation de gratitude. Ne serait-ce que regarder mes arbres de la fenêtre de ma salle de bains, d'entendre le chant des oiseaux, de patauger dans la rivière, me met la joie au cœur. Quand je me promène à cheval dans la forêt d'Ermenonville avec ma fille et ma petite chienne Shila, je suis en gratitude. Infiniment. Envers la vie qui me permet d'être ainsi. Comment aurais-je pu imaginer à 22 ans que trente ans plus tard une petite fille du « Toit du monde » entrerait dans ma vie pour la partager et m'appeler maman ? Je ne laisse personne me voler ce moment et cette conscience-là. À ce moment précis, je ne voudrais être nulle part ailleurs. Que cet instant est précieux ! Je ne sais combien de fois il se reproduira. Mon bel étalon andalou a 30 ans, il est en pleine forme pour l'instant, je touche du bois, mais je sais qu'il n'est pas éternel et qu'il sera mon dernier compagnon à crinière, ma fille est de plus en plus occupée et préfère le jujitsu au footing, et la si belle forêt retentit bien trop souvent d'un bruit que je déteste : celui des tronçonneuses. Son paysage a déjà bien mal évolué avec la hausse du prix du bois, et les coupes « d'entretien » se succèdent étrangement. Je ne peux que le déplorer et savourer plus que jamais au présent ses chemins sablonneux que j'emprunte depuis tant d'années et qui serpentent encore entre les arbres. Demain est un autre jour.

L'impermanence

Une des notions importantes à avoir à l'esprit est l'impermanence. La conscience de l'impermanence rend plus fort. Tout peut changer si vite. Savoir entre autres que l'on va, un jour ou l'autre, être fauché par la mort fait apprécier la vie encore plus fort, vivre les instants plus intensément. Rien n'est jamais acquis. J'ai toujours conscience de la fragilité du lendemain. Et du cadeau de la vie ici et maintenant en bonne santé, où tout est possible. Cultiver son jardin intérieur chaque jour est nécessaire. Considérer chaque petit bonheur, chaque moment ou jolie rencontre inattendus comme un présent. Lorsque l'on commence à exister ainsi, la vie change de couleur. Il suffit parfois de simplement changer un mot pour changer le ressenti d'une situation. On lui donne d'un coup de baguette magique une autre identité. Peur ou trac ? Trac bien sûr le soir d'une représentation théâtrale par exemple. Mais lorsque j'ai joué *Les Monologues du vagin*, ma metteuse en scène m'avait invitée à changer de vocabulaire pour la situation. « Ne pense pas que tu vas affronter le public, mais que tu vas le rencontrer. » Et cela a tout changé. Quand ma fille me dit que parfois elle peut se sentir mal à l'aise avec le sentiment d'être entre deux cultures, je lui dis qu'elle devrait se dire qu'« elle est riche de deux cultures ». Une tournure est négative et l'autre positive et porteuse de sens. Les mots ont un impact. Il faudrait augmenter notre vocabulaire et redonner de la nuance et de la justesse aux mots. Comme pour la peur. Il y a tant de peurs. La peur du vide, ça c'est physique et ça vous noue les tripes rien que de regarder en bas. La peur du changement, parlons-en encore et toujours et même plus que jamais, qui peut immobiliser vos pensées, votre évolution et vous priver de lumière. S'il y a bien une guerre que nous pouvons et que nous devons mener individuellement, c'est celle-ci : lutter contre la peur. On ne se rend pas compte des dégâts qu'elle peut faire sur notre chemin car j'ai l'impression que nous ne lui donnons pas forcément le bon nom. On pourrait plutôt lui attribuer dans certains cas le nom de sensation. En fait, quand nous exprimons un doute, on dit : « j'ai peur que »…, alors que c'est la **crainte** de quelque chose. En revanche, devant un danger, c'est bien la peur qui nous fait fuir, et qui peut aussi nous sauver. C'est peut-être pour ça que les mauvaises nouvelles semblent avoir plus d'impact que les bonnes de façon générale aux actualités. Elles réveillent peut-être quelque chose d'instinctif qui nous concerne au tréfonds de nous-mêmes et de nos gènes ancestraux, quand, poussés par la peur, fuir nous permettait d'échapper au danger et à la mort. Allez savoir !

La peur du changement

Nous serons toujours confrontés à cette peur du changement. Un texte reste toujours dans un coin de ma tête. Je l'ai déjà partagé avec vous, et je le reproduis encore, pour que vous l'ayez aussi à votre esprit. Car il est capital. Et dans l'époque où nous vivons, il semble presque indispensable de s'en imprégner sans tarder car, une fois encore, ce que nous vivons aujourd'hui n'est pas une crise, mais un bouleversement total et mondial. Il n'y aura à mon sens pas de retour en arrière. Penser qu'une fois que les crises sanitaires et géopolitiques seront derrière nous, tout reprendra comme avant, est un vœu pieux. Aujourd'hui déjà, rien n'est plus comme avant. On peut le regretter à bien des égards, nourrir une certaine nostalgie, mais ne pas s'y complaire trop longtemps, car c'est aller vers une frustration et une mélancolie inévitables. Donc une souffrance. Autant admettre ce changement, faire avec, et tenter d'évoluer au mieux dans ce nouveau monde. À commencer par développer en soi le plus de positif possible, la distance, la clairvoyance et le sourire. La pratique vous aidera, c'est plus que certain. Cela étant dit, je vous invite à méditer encore et toujours sur ce fameux texte d'un maître tibétain, Tarthang Tulku, sur le changement et l'impermanence.

« Nous cherchons toujours à échapper aux situations difficiles ou à contourner les obstacles, mais de même que les nuages obscurcissent le ciel, de même contiennent-ils la fertilité nécessaire à la croissance. Quand nous faisons face directement à nos problèmes et les traitons à fond, nous découvrons de nouvelles façons d'être. Nous bâtissons la force et la confiance qui nous permettront de résoudre des difficultés futures ; la vie devient un défi plein de sens nous conduisant à une plus grande connaissance et un plus vaste éveil de l'esprit. Nous découvrons tous que plus nous apprenons, plus nous croissons intérieurement, plus nous relevons de défis, plus nous gagnons en force et en conscience. Quand nous vivons en accord avec le processus de changement nous faisons quelque chose de précieux rien qu'en vivant. Il est possible, voire facile, de passer toute une vie en refusant de prendre la responsabilité de notre propre développement. Nous ne souhaitons pas faire l'effort de changer. Or lutter contre le changement demande un effort encore plus grand. Essayer d'empêcher le changement dans votre vie c'est comme nager à contre-courant. Cette attitude nous épuise et nous frustre jusqu'à ressentir une impression de défaite qui imprègne doucement votre vie. Au lieu de cela, nous pouvons choisir de profiter de la nature transitoire de l'existence et apprendre à participer au courant dynamique de la vie, en harmonie avec le processus de changement. Changer est naturel et sain, ce n'est ni à craindre ni à éviter. En observant attentivement les changements qui ont eu lieu dans notre vie nous pouvons voir que le processus de changement est ce qui amène toutes les bonnes choses. Une fois que nous avons compris que le changement agit continuellement en nous, nous pouvons apprendre à utiliser l'énergie du changement pour diriger notre vie. »

Tout le monde d'une façon générale a peur de l'inconnu. Pourtant il sera encore et toujours notre destin. Tout ruisseau se jette dans une rivière, et toute rivière finit par se jeter dans l'océan. Il y aura toujours de l'inconnu sur notre chemin. Quitter notre zone de confort est certes déstabilisant, mais souvent tellement enrichissant. Soyez curieux de vous, de ce qui peut vous être révélé et que vous n'imaginiez pas. L'intelligence, c'est notre capacité à nous adapter à l'autre et à vivre dans le mystère. S'habituer à ne pas craindre l'inconnu c'est se préparer à vivre comme à mourir.

Il n'y a pas que les grands changements qui comptent. Les plus infimes peuvent également déterminer notre vie bien plus que nous pouvons l'imaginer. Nous sommes toujours dans la relation de cause à effet.

Un acte qui semble anodin, ou auquel nous n'avons pas vraiment accordé notre attention dirais-je, peut entraîner des conséquences terriblement importantes sur notre avenir. De la même façon, un petit geste bienveillant peut aussi avoir des effets inattendus. L'instant présent, encore et toujours lui ! Il est le maître mot. La clé. Il nous invite définitivement à mesurer l'importance d'intégrer en conscience le « ici et maintenant » comme une urgence à savoir vivre. Et plus le monde avance avec ses nouvelles contraintes, ses mesures qui peuvent sembler incohérentes, plus cela deviendra difficile. Car on a tendance à se dire « ce qui est pris est pris ». Dans le même temps où l'on parle de solidarité, tout est fait pour que l'inquiétude développe l'individualisme. Paulo Coelho dit que chaque homme doit écrire sa légende personnelle. Il est bien difficile de l'écrire si nous n'avons pas pris le temps de penser à qui nous sommes, pourquoi nous sommes là, et où nous voulons aller. Que lâcher ? Que retenir ? Que cultiver ? Comment exister pleinement et devenir soi ? Il faut se battre pour ça, ce n'est pas une chose facile et tant de barrières peuvent se dresser sur le chemin. Mais il faut essayer de rester l'auteur de notre vie en y apportant notre rime. C'est notre privilège d'humain. Bien évidemment, il y a des potentiels différents dès le départ, des conditions de vie, d'éducation, de bonnes ou mauvaises rencontres aussi, mais la prise de conscience est offerte à tous. Vivre en conscience, c'est d'abord essayer de ne rien faire de façon automatique et routinière. C'est créer sa réalité en se laissant porter par son inspiration et son intuition quand elles jaillissent, ce qui est par nature imprévisible mais crée votre personnalité. Soyez d'abord et enfin vous-mêmes.

Loin de vous rendre plus fragile, la méditation vous aide au contraire à prendre totalement conscience de la valeur de l'instant présent, et c'est une méditation que d'être dans cet instant présent et de savoir y demeurer pleinement. Tout commence par là. C'est pour y accéder dans l'évidence et dans votre quotidien que la pratique existe. En douceur, car rien ne doit se faire en force qui est supposé durer.

« Hier est derrière, demain est un mystère mais aujourd'hui est un cadeau, c'est pourquoi on l'appelle le présent. »

J'ai lu cette phrase je ne sais plus où, mais elle m'a marquée.

Il y a les grands changements d'une vie et les petits changements, dans ce fameux quotidien. Nous sommes à chaque instant concernés par l'importance de vivre en conscience. L'attention portée à chaque chose, événement, odeur, goût, son, émotion qui nous traverse. C'est l'éveil des sens. La fameuse pleine présence. John Kabbat-Zinn en parle en long en large et en travers dans son livre *L'Éveil des sens,* et Fabrice Midal nous dit *Foutez-vous la paix*. Le premier nous engage à vivre pleinement conscients de nos sens en étant attentifs profondément. L'autre à ne pas se mettre de pression.

Nous voyons avec notre capacité d'attention. L'attention, encore et toujours l'attention. Par la méditation vous décuplez votre faculté d'attention. Elle entraîne une détente de tout notre corps qui influence notre vision intérieure bien sûr, mais également notre acuité visuelle. Cette fameuse attention si indispensable à côté de laquelle nous passons tout au long de la journée, nous contentant trop souvent de lui faire un petit coucou sans oser lui serrer la main. Tout ce sur quoi l'on dirige son attention se renforce. On l'expérimente sans cesse. L'attention est la clé de notre transformation. Elle active une énergie.

La méditation initie au silence. Ce silence qui nous fait souvent si peur et nous fait nous entourer de personnes à tout prix, ou nous absorber dans l'inutile ou le superflu. On parle souvent pour ne rien dire, n'échappant pas à une platitude des conversations qui peuvent se tenir maintenant comme demain. On se contente de paroles aromatiques qui rendent le plat plus sympathique. Ceci est plus une remarque qu'une critique, car s'il fallait n'aborder que l'essentiel, le quotidien pourrait devenir ennuyeux. On a besoin de ces petits moments de conversation futiles, de ces petits cancans en complicité de temps en temps.

La méditation, ce n'est pas s'extraire du monde, mais au contraire y participer pleinement d'une façon beaucoup plus libre et enthousiaste. En enlevant des peurs, elle rapproche les êtres. Elle nous fait prendre conscience de cette appartenance complète au monde qui nous entoure, de ces liens entre nous et l'univers. De cet espace qui est le nôtre réellement. Les barrières tombent. Nous sommes du même coup beaucoup plus présents aux actes de notre vie, anodins ou importants, d'une certaine façon plus responsables. Le regard que l'on porte sur les situations, les événements ou les autres change. Et plus rapidement qu'on peut le penser.

Il n'y a rien de contraignant dans la méditation, sauf l'idée que l'on s'en fait. Nous vivons une époque où tout doit aller vite, et où ce qui prend du temps est de moins en moins bien accepté. Là, en l'occurrence, il faut accepter de prendre du temps. Et faire cela à votre rythme, petit à petit. Si cet exercice devient une contrainte insupportable à gérer dans votre « emploi de vous », c'est que vous n'êtes pas prêt et qu'il faut encore approfondir votre conscience de la nécessité de cette démarche. Dans ce cas, faites au moins cette petite chose en « travail d'approche » : prenez simplement conscience de votre respiration. Vous inspirez doucement… et vous expirez. Simple, non ?

Devenez votre souffle

Je vous propose une petite expérience à faire ensemble. Encore une fois, vous n'êtes pas obligé d'être dans la position inconfortable du lotus pour vous initier à la méditation. Mettez-vous au contraire dans une posture confortable, appuyé contre un mur ou un dossier quelconque qui vous maintienne le dos droit. Idéalement, si vous en avez la possibilité, contre un arbre, dans la nature. Essayez de vous relaxer, de laisser votre esprit se détendre sans vous rattacher à quelque réflexion que ce soit. Amenez à votre esprit une image qui vous inspire et vous met en pensée d'amour. Vous pouvez aussi essayer un mantra simple, une prière courte et répétitive (*Om mani padme hum*, par exemple, qui est le premier mantra que j'ai appris.) C'est une façon de préparer votre esprit à une autre disponibilité. Puis focalisez votre attention sur votre souffle. Restez tranquillement à respirer ainsi quelques instants. Conscient de votre inspiration… et de votre expiration par le nez. Écoutez-vous respirer. Sentez-vous respirer. Vous allez avoir une sensation différente de votre corps et de votre espace assez rapidement. Pas d'inquiétude ! Inévitablement, les pensées vont affluer. Pas d'inquiétude ! C'est normal, vous les entendez car vous êtes devenu attentif. Essayez seulement de ne pas vous y attacher et continuez la respiration. Soyez simplement observateur de cette sensation. Au bout d'un moment, les pensées seront de moins en moins fortes, puis de moins en moins nombreuses. Laissez-les vous traverser, se dissiper et s'en aller. Renoncez à elles. Restez attentif à votre souffle, devenez votre souffle. Sans effort, simplement en lui donnant toute votre attention. Quels que soient les éléments perturbateurs qui peuvent survenir, essayez de ne pas les laisser vous distraire. Le coup de fil que vous deviez passer peut attendre, et le beurre à ajouter sur la liste de courses également. N'oubliez pas que nous parlons d'un court moment que vous vous accordez… alors restez concentré. Vous transformez petit à petit l'énergie de votre esprit. Vous devriez vous ressentir différemment, beaucoup plus en paix. Plus spacieux. C'est un mot important. Vous gagnez de *l'espace* en vous. Savourez cet instant… Ne vous levez pas à toute vitesse. Ramenez doucement le mouvement dans votre corps.

Commencez par quelques minutes, vous prolongerez ce moment petit à petit, à votre rythme. Mais vous verrez qu'il vous deviendra vite indispensable tant il est source de bien-être. Plus vous vous familiariserez avec cette pratique, moins le lieu sera important. Quand vous sentez le stress monter, que vous vous trouvez face à une émotion quelle qu'elle soit, une contrariété, adoptez le réflexe de vous connecter immédiatement à votre souffle. Concentrez-vous sur votre respiration. Vous verrez, la pression retombe. Même si elle ne disparaît pas, elle évite l'escalade et s'avère plus que salutaire. On peut méditer à chaque instant de la vie. En marchant, en mangeant, lorsque nous nous préparons à dormir, nous pouvons maintenir cette conscience, cette attention, cette présence à soi et au moment présent. Il faut s'entraîner. C'est une question d'habitude et encore une fois de motivation.

Ce dernier mot est d'une grande importance. Car sans motivation, rien n'est possible.

« Sème un acte tu récolteras une habitude, sème une habitude tu récolteras un caractère, sème un caractère tu récolteras une destinée. »

La méditation demande de l'exigence. C'est un engagement

Il y a bien entendu une grande différence entre quelqu'un qui va se mettre à la méditation pour se sentir mieux et trouver un calme intérieur, et un Matthieu Ricard qui va méditer plusieurs heures par jour dans son monastère pour être capable de se mettre au service des autres, comme il le dit si souvent. Vous en ferez l'expérience, en vous permettant de vous centrer, en découvrant un mieux-être, cela fera inévitablement tomber des barrières et vous fera voir tout ce qui vous entoure différemment.

L'efficacité et le sens de tout enseignement se mesurent à la façon dont celui-ci devient partie intégrante de votre vie. Encore une fois, selon le dicton, « Rome ne s'est pas faite en un jour », armez-vous de conviction et de patience. Avancez au pas, en courant, ou à cloche-pied. À votre allure. Mais avancez. Car ce n'est qu'en avançant que l'on connaît le chemin. Même si par mégarde vous vous faites happer par l'émotion ou le stress, vous savez que cette route existe, qu'elle chemine à vos côtés, et que vous pouvez la rejoindre.

Méditer ne nécessite pas de posture physique, pas dans un premier temps en tout cas. En revanche cela demande une discipline. Une rigueur qui n'est pas synonyme de rigidité, bien au contraire. C'est une exigence qui tient plus d'une posture mentale que physique. Se mettre à méditer, c'est un engagement. Oh ! que ce mot fait peur ! Pourtant, je pense qu'il faut le prendre comme ça pour ne pas céder à un découragement trop hâtif, où on remballe tout vite fait, parce que ça ne marche pas du premier coup. D'abord ça n'a pas à marcher du premier coup. Ce serait trop facile ! C'est sur la longueur que l'on peut évoluer. La sagesse s'enracine dans le quotidien, dans un comportement, et dans une pratique régulière. Jour après jour, pas à pas, on construit un autre moi, plus vigilant, plus ouvert, plus spacieux. Cela peut paraître un effort trop grand pour certains peut-être, mais à tort. Car il est largement compensé par cette petite voix joyeuse qui soudain s'exprime en nous quand on progresse vers un but que l'on s'est fixé. C'est comme dans tout, il faut de la motivation. Nous pouvons être bloqués parfois par un détail infime. Allez chercher un souvenir, une image, qui vous amène le sourire. Vous vous retrouvez alors sur un terrain qui est le vôtre, qui fait totalement partie de votre histoire. Vous récupérerez ainsi votre espace. Petite méditation éclair et spontanée qui vous reconnecte à vous en un rien de temps.

Ceux qui ont commencé la méditation et qui ont eu la volonté et la patience d'approfondir ce ressenti regrettent souvent de ne pas avoir connu cela avant. Elle n'est pas synonyme d'isolement mais de centrage, de reconnaissance de soi, sans couleurs ni décors qui ne vous appartiennent pas. Alors tout à coup vos pensées et vos actes deviennent plus cohérents. Vous ne vous sentez plus deux. Forcément, il naît un mieux-être, une clarté, un espace qui est réellement vôtre. On devient plus serein et l'on peut alors vivre de précieux et inoubliables moments d'harmonie. Avec le temps et l'âge qui avance, ce besoin de cohérence devient criant, indispensable, vital. Un besoin de calme, car c'est dans le calme que l'on s'entend. Il aide à se trouver. Un besoin de vérité. Savoir aussi qui l'on présente à l'autre. Sans leurrer ni se leurrer. Vivre vrai. La philosophie bouddhiste m'a tellement apporté. Et la définition du « noble octuple sentier » est l'expression de ce Graal, ce fameux chemin intérieur où notre « précieuse vie humaine » prend tout son sens, et auquel j'essaie d'attacher mes pas.

La vue (ou compréhension) juste, la pensée juste, la parole juste, l'action juste, les moyens d'existence justes, l'effort juste, l'attention juste, la concentration juste.

Les émotions nous sont utiles

Avez-vous remarqué combien d'émotions ont pu vous envahir à un moment de votre vie ? Au point de vous pourrir le quotidien, de vous faire faire ou dire des choses qui vous ont porté préjudice et que vous avez certainement regrettées. Et combien elles vous semblent loin aujourd'hui. Elles font partie d'un passé, mais à cause d'elles c'est peut-être douloureusement que vous êtes parvenu à vous construire. Ne serait-ce pas mieux si le premier réflexe avait pu être de repérer immédiatement l'émotion perverse dont on connaît l'effet parfois dévastateur et trouver la sagesse et la force de s'en éloigner au plus vite ? D'ailleurs le simple fait d'être identifiée donne déjà moins de poids à la « mégère » que l'on personnifie avec une touche d'humour. Débusquée dès le départ, on lui succombe un instant, on lui concède un round, pour lui retourner un uppercut et la renvoyer au placard. L'humour sur soi est certainement la chose la plus difficile à atteindre, mais c'est la classe suprême, l'arme imparable !

Comment prendre conscience de nos états émotionnels ? Nos émotions ont un rôle bien précis dont dépend aussi notre survie.

Le bouddhisme ne prêche pas une vie sans émotions, mais un détachement de cette émotion, une juste identification des bonnes et des mauvaises émotions. Ne pas devenir l'émotion, ne pas la laisser vous submerger et devenir poison. Car alors cela influence la vision de tout ce qui nous entoure, notre comportement avec nos proches et nos moins proches. Il faut garder en tête l'image des émotions squatters qui croisent notre mental, qu'il faut accueillir et apprivoiser, voire auxquelles il faut parler, pour les laisser continuer leur chemin sans nous dès qu'elles ne trouveront plus d'écho. Et surtout ne pas faire de la souffrance de l'émotion une posture, et s'y installer. Quand on parvient à devenir plus ou moins spectateur de nos émotions, alors elles ne peuvent pas prendre racine. Elles ne peuvent que nous accompagner un moment sans nous atteindre profondément.

Les émotions sont de grandes traîtresses invasives et destructrices trop souvent. Mais il ne faut pas mélanger l'émotion et LES émotions. Nier ou combattre l'émotion serait une erreur. L'enjeu est de gérer l'excès émotionnel. C'est une capacité et un niveau de conscience. Et notre passage sur Terre devrait être dédié à cela. Élever notre niveau de conscience. Et c'est bien dans l'aventure intérieure avec nous-mêmes, en étant le guerrier pacifique face à tous ces contraires, ces émotions qui nous habitent ou auxquelles nous sommes confrontés, que nous pouvons le faire. Il y a des éclairs d'énergie négative, des éclairs d'énergie positive, des éclairs de haine, des éclairs d'amour, des phases constructives, des phases destructrices...

La joie inébranlable

Le maître tibétain Chögyam Trungpa parle de « l'esprit de la vie ». Parvenir à être dans la présence éveillée, pleinement conscient face à tout ce que la vie nous présente, avec au fond de soi une forme de joie inébranlable, est certainement le cadeau suprême, le Graal que nous devrions avoir dans le cœur comme l'objectif à atteindre ou même simplement à ressentir une fois dans sa vie. La joie de vivre est la valeur suprême qu'aucune fortune ne peut offrir. Vous seul en avez le pouvoir. Comprendre, savoir que ça existe. Oui, je sais que ce chemin semble long, voire hors de portée pour certains, pourtant j'y crois. Et nous avons la chance que des êtres nous montrent le chemin à travers leurs écrits ou leurs enseignements. On peut faire siens les mots des autres quand ils vous parlent et vous inspirent, mais il faut être capable de les redire. Il faut apprendre de son « Cyrano de Bergerac », mais ne pas se reposer sur lui. Nous sommes sur Terre pour combler nos failles de notre mieux, pour évoluer, surtout pas pour régresser. Transformer la souffrance en expérience, et l'échec en défi. Nourrir la volonté d'un renouveau. Harmoniser nos contraires, notre féminin et notre masculin sur le chemin spirituel qui doit absolument accompagner notre vie à un moment ou à un autre.

Les enseignements bouddhistes que nous délivrent les maîtres nous préparent à affronter le maître ultime qu'est la vie, à nous confronter à nos peurs et à leur faire face, à nous connaître mieux, à développer la conscience et la joie en nous, à nous amener, quelles que soient les situations, vers un mieux-être et un mieux-vivre. À cultiver le moment présent et en faire notre refuge. Mais quel que soit votre maître, n'oubliez jamais qu'il reste un humain. On peut imaginer les dérives d'une dévotion aveugle. Car c'est bien là le danger que l'on a souvent pu voir. Beaucoup de problèmes viennent d'un manque de discernement. Il est capital de garder son libre arbitre. D'identifier le meilleur et de s'y attacher. Il y a des personnes dont c'est le métier de vous aider à faire connaissance avec vous. Parfois les situations ou les épreuves auxquelles vous êtes confronté s'en chargent. Parfois pas. Quoi qu'il en soit, où que vous alliez, quel que soit le voyage, la personne que vous emmènerez toujours avec vous, c'est vous. Il vaut mieux que vous soyez en paix avec elle, et que vous la connaissiez bien si vous ne voulez pas tomber sur un cul-de-sac.

Le pardon

« Cherche le divin en toi
plutôt que le diable chez les autres. »
(Laurent Gounelle)

Certains choisissent de vivre le cœur replié dans une posture de victime. Quand je parle de posture, j'entends par là qu'il est souvent plus facile de rester bloqué dans ce qui vous donne toutes les excuses. Ne pas céder à cette tentation est certainement un gros travail pour certains. Personnellement, je ne crois pas à la simple analyse pour en sortir. Pour l'identifier de façon plus précise oui, mais ensuite ce n'est que du travail sur soi pour changer un comportement, une approche de l'autre ou le ressenti d'un passé. On rencontre souvent des personnes frustrées de ce qu'elles n'ont pas eu, souvent de l'amour non reçu, c'est évidemment une réalité et un handicap pour avancer, mais se sont-elles parfois posé la question de ce qu'elles ont fait pour inverser ce sentiment douloureux sur leur chemin de vie ? Peut-être que la première démarche salutaire aurait été de passer par le pardon. Notre souffrance ne peut que grandir si nous la laissons faire. Accepter la responsabilité, c'est sortir de l'état de victime et admettre la part de responsabilité que l'on peut avoir dans ce que l'on traverse. Vous avez compris ce qui se passe dans votre appartement, alors ouvrez les fenêtres. Vous pourriez même tout à coup avoir du mal à vous pardonner de ne pas avoir pardonné. Si si, c'est une possibilité.

Il suffit parfois de prendre conscience d'une chose pour qu'elle nous laisse enfin tranquilles et nous permette d'aller de l'avant. Nous pouvons vivre par exemple sous le jugement virtuel de quelqu'un que l'on a aimé ou admiré, parfois à tort, qui nous a profondément marqués au point de nous référer systématiquement au jugement négatif qu'il porterait sur nos actions, notre travail ou notre vie. Il y a des phrases qui emprisonnent une vie si on ne leur tord pas le cou. On peut perdre ainsi sans raison l'estime de soi. Celui qui l'a perdue sera sensible au moindre signe, à la moindre critique qui ne fera que renforcer sa négativité. C'est un schéma qui peut être très réducteur, voire inhibant, mais dont nous ne sommes pas vraiment conscients. On met tellement de couches de compromis et de concessions sur le chemin de son existence ! Par confort, par amour, par sentiment de culpabilité, par devoir, par ignorance, par peur de la solitude, par manque de confiance en soi, par héritage comportemental d'un parent… Il y a tant de raisons qui vous font mener une autre vie que la vôtre. Mais il y existe des moyens pour inverser cela. Simplement par la conscience de soi. C'est quand on prend le temps de se poser avec soi que les informations remontent en défiant le temps. Pardonner à celui ou celle qui a fait naître une mauvaise image de vous-même, un tel doute sur vos capacités, est salutaire. Cela vous permet de vous éloigner de ce souvenir, de vous alléger, et de reprendre votre liberté intérieure. Sans compter que votre mémoire d'une époque est probablement associée à une forte émotion et peut de ce fait être faussée. Le temps fait évoluer les souvenirs. En positif comme en négatif. Il peut les modifier, les amputer partiellement. Votre objectivité n'est peut-être qu'à moitié là.

Le pardon nous fait passer au-dessus de la haine ou de la colère, qui sont des poisons. En passant par le pardon, vous vous libérez d'un poids. Vous vous offrez un cadeau inestimable. Je ne dis pas que c'est facile, mais plus vous avancerez, plus vous vous rendrez compte de l'encombrement que signifie ne pas pardonner, en vouloir à quelqu'un, le haïr, au point de rêver de le voir à genoux ou à terre, souffrant comme il vous a peut-être fait souffrir. Ou parfois ne rien souhaiter du tout, mais maudire sa mémoire. Il y a bien mieux à mettre dans vos rêves et dans votre cœur. Vous valez mieux que cela. Le pardon peut aussi vous concerner directement. Nous traînons souvent ce fameux sentiment de culpabilité comme un boulet qui nous renvoie une mauvaise image de nous et que nous avons tendance à cultiver par une inutile et stérile forme de masochisme. Qu'êtes-vous allé enterrer qui était difficile ou trop douloureux à vivre ? À quoi ou à qui avez-vous renoncé ? Qu'avez-vous fait par facilité, opportunisme, négligence ou ignorance, que vous ne vous êtes pas pardonné ? Le but doit être de dépasser ces pensées. D'avoir un face-à-face honnête avec vous, qui vous permette de faire la lumière sur tout ça et la paix avec le passé. Ce passé-là ne fait que vous encombrer aujourd'hui. S'il est inutile à conserver dans votre bibliothèque émotionnelle, son émergence peut en revanche vous aider à comprendre certains de vos comportements, ou vous inciter à réparer une erreur, ce qui n'est pas négligeable. Quel que soit le résultat de ce voyage intérieur, pardonnez et pardonnez-vous. Vous ressentirez un tel mieux-être. Un passage de l'ombre à la lumière. C'est le jour où l'on a ressenti profondément cela, que l'on réalise, là encore, les bienfaits de la méditation qui offre un outil inégalable sur le chemin de son être. Le pardon est loin d'être un élan spontané. Il peut parfois prendre toute une vie pour faire son chemin. Ne plus être dupé par son mental est une véritable victoire. Probablement la plus belle qui soit. La méditation mène à l'ouverture du cœur. Pardonner est le chemin de l'amour. Et pardonner, c'est guérir.

Trouver nos couleurs

Avez-vous remarqué combien les énergies des lieux ou des gens sont différentes ? Toujours rester attentif à ce que l'on peut ressentir. Vous pouvez ressortir épuisé d'un rendez-vous avec une personne, et guilleret et gonflé à bloc d'un autre. Sans que ce soit une question de bonne ou mauvaise nouvelle. Ça aussi ce sont des choses à bien identifier. De préférence fréquenter ceux que vous ressentez positifs pour vous. Ne pas céder à l'appel du saint-bernard trop souvent, alors que vous savez que vous en sortirez avec vos batteries à plat. Il faut donner à la mesure de ce que l'on peut donner, car au-delà, tout devient toxique. Essayez de ne pas culpabiliser de cela, car votre culpabilité, encore une fois, n'apporte rien et devient à son tour toxique. Relativisez-la en tout cas. Cultivez les lieux, les personnes, tout ce qui fait qu'à ce moment précis de votre journée, de votre vie, vous vous sentez en cohérence, en harmonie, en paix avec vous et ce qui vous entoure. Mais à nouveau nous sommes tellement pressés, toujours, que nous ne prenons pas le temps de nous poser, de nous écouter, de nous entendre. C'est bien là le plus important. Prendre conscience de notre état intérieur.

Quant à ce qui nous entoure, il semble bien difficile de savoir de quoi et de quelle couleur est fait ce monde puisqu'une grande partie de nos certitudes est basée sur l'illusion. La réflectance par exemple, omniprésente, est tout simplement un leurre des couleurs. L'objet que nous regardons accepte toutes les couleurs de la lumière qui nous entoure, qui ne sont autres que celles de l'arc-en-ciel. Selon son degré d'absorption de l'onde lumineuse, il devient la couleur par laquelle nous l'identifions. Regardez le nombre de verts différents et changeants dans une forêt… sous un ciel nuageux ou au soleil.

Le spectre des couleurs est toujours présent mais n'est révélé que par la pluie quand le soleil illumine soudain un ciel d'orage d'un merveilleux arc-en-ciel. Finalement il en est de même pour nous. Il nous faut la pluie et le soleil pour trouver nos couleurs.

Nous avons cinq sens, qui régissent notre vision des choses, nous guident, nous permettent une évaluation. Mais quand on sait par exemple que l'œil ne perçoit réellement que dix pour cent de ce que nous voyons, et que le reste est complété par notre cerveau par une forme de déduction, comment être sûr de ce que nous avons vu ? Et que vaut finalement un témoin oculaire ? C'est ainsi que les magiciens manipulent leur audience. Ils trompent les mécanismes du cerveau. Quand on voit la force de nos rêves et des émotions qui les accompagnent, qui peut jurer que nous ne sommes pas dans une projection de nous-mêmes au moment où nous affirmons dur comme fer que tout ce qui nous entoure est réel ? Qu'est-ce que la réalité ? Qu'est-ce que le temps ? Je n'ai pas de réponse évidemment, en tout cas aucune certitude, surtout des interrogations : où est la vérité ? Avec cette ouverture à l'univers quantique, parfois je me dis que tout est possible. L'infiniment petit devient information et se limiter à nos cinq sens ne suffit plus. Plus j'avance, plus ma curiosité me pousse à tisser des liens avec l'invisible…

Les personnes dotées d'un sixième sens ont accès à une autre dimension. Nous avons tous en nous cette capacité plus ou moins développée, mais nous ne nous y attardons pas. Nous ne savons même pas souvent quelle puissance de transmission il y a dans nos simples mains, alors qu'elles peuvent être un outil merveilleux pour soulager. Chacun d'entre nous a la capacité de véhiculer l'énergie, de la manipuler et de la transmettre. C'est une capacité, voire une connaissance, que l'enfant semblerait avoir dès sa naissance et qui va « s'endormir » petit à petit s'il ne s'en sert pas. Certaines lignées familiales ont une plus grande capacité que d'autres. Si vous avez un grand-parent magnétiseur, il est fort probable que vous avez le « don », c'est-à-dire une capacité plus grande que d'autres à utiliser votre propre énergie pour percevoir les émotions des personnes qui sont autour de vous, pour soigner et enlever certaines douleurs. C'est un objectif merveilleux et enrichissant que de chercher à le développer. Tout pourrait être à redécouvrir, réentendre, réapprendre. D'une autre façon. Un autre champ de perception, de pensée et d'action est à notre portée. Ce qui compte, c'est de discerner ce qui nous convient, ce qui accroît notre puissance d'agir et donc notre joie, et à l'inverse, ce qui la diminue et produit de la tristesse sous quelque forme que ce soit. C'est à ce voyage que je vous invite à travers ces lignes. À trouver vos couleurs. Dans tous les sens du terme.

La chromatothérapie et la luminothérapie

Les couleurs ont un pouvoir, une influence sur notre état, notre humeur. Le vert est apaisant, c'est aussi pour cela que nous nous sentons mieux dans la nature, dans une forêt. La couleur est une onde. On n'y pense pas, mais elle agit sur l'humeur. Il y a des couleurs à porter ou à éviter. Pour la nuit par exemple, le noir n'est pas idéal, il vaut mieux favoriser le blanc ou une couleur pastel. Le rouge est stimulant. Mais il peut être trop excitant, il ne faut pas en abuser. Le jaune est la couleur solaire et celle de la bonne humeur. Il active la créativité. Le bleu ciel est calmant, appelle à la sérénité, et est certainement la couleur antistress par excellence, mais le bleu marine a une action plus sombre. Le rose est doux pour l'humeur. Le violet aide à abaisser la fréquence cardiaque, et ainsi de suite. Les nuances sont importantes. Un gris clair est apaisant mais un gris foncé est triste. Si vous n'êtes pas en grande forme, évitez le noir ou pire, le gris foncé. Ou bien rehaussez-le avec du blanc. Vous allez sentir de vous-même la couleur qui est bonne pour vous. Soyez à votre écoute, ne choisissez pas en attrapant ce qui vous tombe sous la main. Vous avez sûrement remarqué qu'une couleur qui vous allait si bien, avant, ne vous va plus aussi bien aujourd'hui… tout simplement parce que vous avez changé. Ce qui ne veut pas dire qu'elle ne vous ira pas bien à nouveau. L'impermanence, toujours elle…

Soigner ses maux grâce aux couleurs ? C'est le point de départ de ce que l'on appelle la chromatothérapie, une méthode qui date de plus de quarante ans. Tout au moins mise au point il y a quarante ans, car dans l'inconscient elle existe depuis la nuit des temps. L'objectif ? Stimuler le sens de la vue et par là même le système nerveux, pour panser nos états d'âme.

Comme pour la luminothérapie, qui a des effets reconnus par exemple sur la dépression saisonnière, la chromatothérapie s'appuie sur le ressenti face aux couleurs qui sont elles-mêmes des radiations de la lumière perceptibles par l'œil humain. Il suffit de rétablir l'harmonie des couleurs autour de soi pour rétablir l'harmonie dans son être. Cette thérapie agit aussi de façon étonnante sur les fractures et les cicatrices. J'ai entendu parler d'une autre application de la lumière. Dans le cadre de la dyslexie. Je la porte à votre connaissance car elle pourrait vous être utile. Ce problème est celui de pas loin de dix pour cent de la population mondiale. Une petite lampe semblerait être la réponse pour 80 % des personnes souffrant de ce mal. Ils auraient, à l'inverse des normo-lecteurs, deux yeux directeurs, ce qui provoquerait une superposition d'images dans leur cerveau lors de la lecture. « Lili for Life » a mis au point un dispositif technologique qui par des flashs lumineux corrigerait cet effet de superposition qui génère des images dites « miroirs ».

Complémentaire des séances de rééducation orthophonique, cet outil permettrait de progresser aussi bien en lecture qu'en orthographe. Je vous laisse approfondir la question si ce problème touche l'un des vôtres.

Chaque année à Genève, il y a la soirée de la chromatothérapie. En France, je ne sais même pas si ce rassemblement pourrait avoir lieu. Bruno Tourniaire, l'un de mes amis thérapeutes dont c'est la spécialité, y a associé depuis peu la luminothérapie. Soigner avec les couleurs et la lumière en appliquant le principe du leurre. Il a des résultats absolument étonnants. Lors d'une séance, je suis partie si loin que je ne savais plus où je me réveillais. J'ai parlé courtement de cette technique de soin dans mon dernier livre, mais je souhaiterais y revenir, car j'ai assisté depuis à un quasi-miracle. C'est toujours positif de parler d'événements aussi formidables.

Églantine était dans un coma végétatif après un grave accident. Depuis 41 jours. Les médecins parlaient de la débrancher alors que ses parents voulaient encore faire une dernière tentative. C'est là que Bruno est intervenu. Dès la première séance, ses paupières ont bougé. Le deuxième jour elle sortait du coma. Je ne dirai pas qu'Églantine s'est retrouvée dans la même forme qu'avant son accident puisqu'elle se déplace beaucoup en fauteuil, mais sa joie de vivre est un exemple pour beaucoup. Elle a vécu un miracle, mais au-delà de ça, elle fait aujourd'hui partie de ceux pour qui tout ce qui fait partie de la vie est miracle. Il ne faut pas forcément passer par cette situation extrême pour avoir ce regard. Pour certains, toute manifestation de la vie sur Terre est miracle, pour d'autres rien n'est miracle et seules la science et la logique doivent donner une explication.

D'ailleurs, croyez-vous aux miracles ? Je suis certaine que vous allez dire non. Parce que le jour où vous avez souhaité quelque chose très fort, alors que c'était vital pour vous, rien ne s'est passé. Mais en fait qu'en savez-vous ? Peut-être qu'à ce moment précis s'est mis en place l'élément d'un miracle qui n'apparaîtra que plus tard. Vous ne savez pas ce que la vie a décidé pour vous. Rien ne remplace le temps et il peut réserver bien des surprises.

Changer notre regard est l'espoir d'une vie meilleure

PNL et MBSR

Ne nous faisons pas d'illusions, nous ne devrons un monde meilleur qu'à nous-mêmes, issu de ce que nous aurons réussi à créer ou à sauver.

On vous programme pour croire que vous n'avez aucun pouvoir. Toutefois, selon les enjeux du moment, on vous assure que vous en avez un pour peser sur le sort de votre nation. Tout dépend de quel pouvoir on parle. Quoi qu'il en soit, la confiance en votre potentiel peut tout changer. Et votre potentiel peut aussi vous être inconnu. Vous pourriez en toute bonne foi ou conviction lui avoir attribué des limites qui n'étaient peut-être pas les siennes. Il y a des méthodes dont on n'entend pas beaucoup parler. La programmation neurolinguistique (PNL) par exemple. Je l'évoque ici car un ami à moi l'a expérimentée et en a ressenti les bienfaits. Peut-être qu'elle peut inspirer, résonner et donner envie à certains d'aller faire un tour de ce côté-là.

La PNL permet de découvrir le monde et de se découvrir soi-même. Cette thérapie va accompagner vers une meilleure compréhension des autres et de soi. Elle a une action sur notre identité, nos valeurs et notre comportement. La PNL aide à déterminer des objectifs et à les réaliser. Elle se base sur le langage et l'utilisation des cinq sens et du corps. Elle s'avérerait particulièrement efficace pour les problèmes de la vie courante tels que la rupture, le deuil, l'échec ou la préparation à un examen. La PNL requiert la mobilisation des ressources stockées dans notre inconscient, des souvenirs et des capacités parfois ignorés ou inexplorés. Cette thérapie permet de se réconcilier avec sa créativité et d'augmenter son sens de l'adaptation, sa façon de mieux faire face aux événements difficiles.

Elle semble être plus constructive qu'une analyse parfois interminable, j'ai vu plusieurs amis en devenir dépendants sans réellement progresser dans leur comportement. Le mental est champion pour faire des nœuds entre le conscient et l'inconscient et nous éloigner de notre être véritable. On entend parler de beaucoup de techniques, celle-ci en est une. Je l'apporte à votre connaissance. Ça ne va pas plus loin.

La réduction du stress basée sur la pleine conscience (*mindfulness-based stress reduction*, MBSR, en anglais), méthode de Jon Kabat-Zinn, est un autre exemple. C'est un travail sur la réduction du stress, basé sur la pleine conscience. Il faut compter huit séances. Chacune vous engage à explorer vos sens : la perception de votre corps dans l'espace et sa connexion entre ciel et terre, la façon dont il s'ancre. Le scan corporel vous invite à ressentir chaque parcelle de vous et à l'habiter. Comme dans une séance de yoga. On retrouve évidemment le travail sur soi face aux émotions que l'on identifie afin d'en rester maître. Votre relation à l'autre. La formation se termine par l'initiation au silence. Une journée sans parler. Être simplement avec soi tout en appartenant à un groupe. Ma fille l'a suivie et en a retiré beaucoup de bienfaits. Forte de cette expérience qui a réellement modifié sa perception et renforcé ses valeurs, elle saisit la moindre occasion de la mettre en pratique. Le chemin qu'elle parcourt pour aller prendre les transports en commun par exemple est prétexte à se concentrer sur sa marche. Sur le parcours elle pratique, même quelques minutes, ce fameux scan corporel qui l'apaise. Cette thérapie a été pour elle lumineuse. Chacun est différent et ce qui est valable pour l'un ne l'est pas forcément pour l'autre. Il suffit de chercher, d'explorer pour trouver quelle est pour vous la meilleure.

Il y a aussi des approches plus ludiques pour savoir dans quel domaine nous serons le plus à même de trouver notre voie et notre raison d'être. Lydie Castells, experte en numérologie, a mis au point une méthode extrêmement simple qui vous permet immédiatement d'y voir plus clair. D'identifier vos points forts et vos faiblesses. Son dernier livre, *Je découvre le potentiel de mon enfant par la numérologie*, vous donne des pistes pour orienter par exemple votre enfant, ou votre enfant intérieur qui pourrait avoir besoin de s'exprimer autrement. *Trouver ma place*, de Natacha Calestrémé est aussi une lecture inspirante. *La Vie expliquée aux enfants mais aussi aux adultes*, du docteur Jean-Jacques Charbonier, est pour moi un livre incontournable toute génération confondue.

Identification des personnalités

Bien entendu, une méthode ne peut pas être appliquée systématiquement à chacun, ou suivie de la même façon. Il y a tant de types de personnalités. Il y a le type « pensée extravertie », qui donne un esprit ouvert, curieux de tout, et son inverse, le type « pensée introvertie », plus taciturne, qui oriente sa réflexion vers la connaissance de soi. Le « sentiment extraverti », sociable, à l'aise partout, généreux mais dont le revers de médaille peut être un manque de profondeur ou de constance. Le « sentiment introverti », plus profond, tourné vers l'observation de ses émotions et de ses états d'âme, moins adaptable et plus porté au repli sur soi. Le « sensation extravertie » est celui qui sait le mieux jouir de la vie, profiter de tous les plaisirs à travers tous ses sens. Un Casanova en puissance. Le « sensation introvertie » est davantage tourné vers la sensation que vers l'objet. Il s'exprimera à travers une œuvre, une musique. La personne du type « intuition extravertie » a l'âme d'un visionnaire. Sans cesse à la recherche de la nouveauté, comme les créateurs de mode, tandis que son inverse, « l'intuition introvertie », bien qu'aussi visionnaire, sera plus mystique, rêveur ou fantasque. Poètes et peintres célèbres se retrouvent certainement dans ce dernier type. Où vous situez-vous à votre avis ? Et où se situe la personne de votre cœur ? Toutes ces tendances ne sont pas là pour être identifiées, étiquetées et jugées comme ne pouvant pas évoluer pour autant. Elles donnent une information sur les grandes lignes de caractère de l'autre. Quand on a identifié les tendances, la personnalité de quelqu'un, il devient beaucoup plus facile de le comprendre et d'éviter les malentendus qui peuvent surgir, inhérents à la différence de perception de chacun d'un événement ou d'un sentiment. Si nous sommes sur le même chemin, nous n'avons pas tous les mêmes chaussures…

Ma regrettée maman était psychographologue et médium. Je l'ai beaucoup entendue parler de ces différents types de caractères quand elle pratiquait une analyse graphologique. Il doit être de plus en plus difficile d'ailleurs aujourd'hui de percevoir les grandes lignes d'un caractère à travers l'écriture, car tout se fait par ordinateur, et si un employeur demande une lettre écrite avant un entretien d'embauche, il peut y avoir des surprises. Car on n'écrit plus aujourd'hui. Ou si peu. Reprendre le stylo est difficile sur la longueur d'une lettre et l'écriture peut paraître celle d'un débutant. Je pense que je ne suis pas la seule à avoir constaté cela. Malgré tout, une simple signature reste encore un beau terrain de jeu pour un graphologue averti. Pour avoir moi-même étudié un peu à l'époque les grandes lignes de la graphologie, il y a des traits de caractère qui m'interpellent immédiatement sur une simple enveloppe.

Mais revenons à nos moutons, et aux priorités. Je disais quelques lignes plus haut que selon votre tempérament, il y a un chemin qui se fera plus ou moins vite. Ce qui est important, c'est d'intégrer la nécessité de s'éloigner du stress et de revenir à soi dans le calme. Pour votre équilibre mental, et votre santé. Ne pas craindre le silence. Il est salvateur. Il faut savoir « écouter le silence à l'intérieur », comme dit Thierry Janssen, fondateur de l'école de « la posture juste ».

Pratique et spontanéité

J'ai remarqué qu'après une méditation qui peut avoir simplement été une promenade dans le calme d'une forêt, le ressenti d'une situation ou d'une personne est beaucoup plus spontané. On perçoit de façon flagrante l'excitation, l'agitation interne ou externe de tout ce et ceux qui nous entourent. Il y a du coup des situations, des propos dans lesquels nous évitons spontanément d'entrer. Je pense aux mots que j'ai lus dans le livre d'un maître tibétain sur la pratique et la spontanéité. La spontanéité naît du fait d'être dans l'instant présent. Et être dans l'instant présent, le « ici et maintenant » dont on parle tant, implique une discipline de l'esprit, une conscience, avant de devenir une habitude. Forcément elle amène la spontanéité, car c'est un peu comme un abandon à chaque instant de toute référence ou influence. Encore une fois, certains y parviennent beaucoup plus facilement que d'autres. Parfois « l'éclair » vient à retardement, alors que l'on pensait ne pas avoir avancé, ne pas avoir compris. Un peu comme un néon. Une fois que l'on a appuyé sur l'interrupteur, il faut du temps avant que la lumière n'arrive. Et elle peut arriver au moment où l'on ne s'y attend pas. Qu'importe, l'important est d'être sur le chemin, d'avoir actionné l'interrupteur. Votre vitesse sera la bonne de toute façon. C'est l'intention qui compte le plus. Toujours elle. L'intention pure et sincère. Vivre l'instant présent est un exercice précieux au quotidien. Car il vous invite à être conscient de vos pensées et de vos actes. Même simplement de vos petits gestes de tous les jours. Ne me dites pas que vous n'égarez jamais vos clés ou votre téléphone, ou encore vos lunettes, par un geste manqué ou un manque d'attention. Eh bien vous pouvez commencer par ce petit exercice bien utile. C'est un bon début. J'essaie personnellement de m'y efforcer, et je dois reconnaître que j'égare beaucoup moins. Ou moins longtemps. Un metteur en scène avec qui j'ai travaillé avait l'habitude de dire à son accessoiriste, qui était un grand émotif s'angoissant dans l'urgence : « Prends ton temps, je suis pressé. » Cette phrase m'a marquée au point que j'y fais souvent référence. Quand je m'énerve, que je suis trop pressée et que je dois faire quelque chose, cette phrase fait irruption dans ma tête comme un petit lutin protecteur. J'arrête tout. Je prends une calme respiration et je fais ce que j'ai à faire, concentrée sur chacun de mes gestes, l'un après l'autre, et tout va mieux. Essayez, c'est vraiment efficace.

Le pouvoir de l'intention

Il y a nombre de pistes qui permettent de se trouver ou de se retrouver. Bien des dogmes, des rencontres, des événements, des violences sur le chemin de vie viennent entraver notre personnalité et l'empêcher de s'épanouir. Et rien n'est anodin dans l'apparition de la maladie. Les prescriptions sont de plus en plus uniformisées. Peut-être trop de technique, de super spécialisation et une certaine forme de routine qui déshumanise le soin. Quand on connaît le pouvoir de l'intention, on ne peut que regretter cette ascension. Quand l'intention part du fond de l'être, c'est un message invisible qu'on envoie, important au niveau énergétique. Une onde propre à tous. C'est comme les prières. Nous pouvons faire toutes les prières du monde, si nous n'y mettons que les mots sans y impliquer notre cœur, sans l'intention… autant aller boire un café au bar d'à côté. Au train où vont les choses, avec la présence de plus en plus incontournable de l'intelligence artificielle, nous remettrons probablement à l'avenir les prises de décision entre les mains des machines. Dans certains domaines, ce n'est pas forcément une option négative, pour les analyses médicales par exemple ou certaines opérations, mais on ne peut pas négliger l'impact de l'empathie, de la confiance et du relationnel dans le processus de guérison. La machine ne remontera jamais le chemin de vos émotions alors qu'on sait combien l'émotionnel peut modifier et transformer votre mental et votre santé. Aucun robot ne remplacera la puissance de l'intention. Un robot fait des choix en fonction d'instructions déterminées, alors qu'agir en conscience est une démarche inverse où l'intuition du thérapeute a toute sa place.

La nature
Prenez le temps de vous émerveiller

Méditer dans la nature est une chose merveilleuse. Sommes-nous conscients de cette musique qui nous accompagne ? Musique de l'univers, des plantes. Beaucoup d'expériences scientifiques ont été faites qui reproduisent la musique végétale. Accepter l'idée nouvelle d'être dans un monde vibratoire où il nous appartient de jouer juste. À votre insu, tout vous parle. Les cellules peuvent réagir à des signaux environnementaux spécifiques. La vie est intimement liée à des champs énergétiques invisibles. Il y a une interaction avec tout ce qui vous entoure. Les plantes, ne l'oublions pas, ont des fonctions identiques à celles de l'homme. À ce jour, les scientifiques ont identifié chez les végétaux plus de 700 capteurs sensoriels différents. Lumineux, thermiques, mécaniques, chimiques. Nous savons ainsi que les plantes voient. Elles peuvent détecter des intensités extrêmement faibles que nous-mêmes sommes bien incapables de percevoir. Les scientifiques ont montré que les plantes possédaient des milliers de gènes qui ne s'expriment que pour produire les protéines ou les signaux moléculaires nécessaires à leur survie ou à leur adaptation, bien qu'elles n'aient ni cerveau ni système nerveux. Tout au moins au sens où nous l'entendons pour les animaux et les êtres humains. À la lumière de ces découvertes, le monde végétal n'apparaît plus immobile et passif, mais fascinant. Dans la nature, rien n'est hasard. Il y a un ordre, un équilibre, une loi de composition dont l'origine très énigmatique nous échappe totalement et qui ne cesse de m'émerveiller. Le nombre de pétales de chaque fleur, chaque rameau, chaque brin d'herbe, chaque pomme de pin… tout obéit à la suite mathématique connue depuis le Moyen Âge sous le nom de « suite de Fibonacci ». Le mystère est à la fois simple et vertigineux. Le visualiser est tout simplement magique. Pour le plaisir des yeux, je vous invite à aller regarder sur Internet des vidéos illustrant la suite de Fibonacci.

Nous avons tous la même construction de base, ensemble dans cette nature si équilibrante et sereine. Et pour cause. Tout pour ainsi dire dans la nature s'est construit selon ce qu'on appelle le nombre d'or. Les fleurs, les fruits, les arbres. Après avoir vu cela, vous ne vous promènerez plus en forêt de la même façon. Votre regard aura changé et votre écoute aussi. Prenez le temps de vous émerveiller. S'émerveiller de chaque chose simple, c'est comme une prière envoyée à l'univers… Et s'émerveiller est un choix que nous avons tous.

« Il faudrait revoir notre façon de penser le vivant, concevoir la nature comme un ensemble complexe d'identités interdépendantes, dont nous faisons partie, et non pas séparées. »
(Bruce Lipton, *La Biologie des croyances*)

Krishnamurti, ce merveilleux penseur, disait : regardez la nature, là sont tous les mantras, tous les plus beaux chants. La nature est une mine d'or et de platine, un diamant. Les peuples premiers méditent ou méditaient dans la nature. Comment l'homme peut-il ainsi malmener ce qu'il a de plus précieux, sinon par inconscience, par ignorance ? La nature est le don gratuit par excellence. Nous lui devons au moins la gratitude et le respect. Nous dépendons d'elle, plus que tout mais nous n'en sommes pas assez conscients. J'ai lu dans un de mes journaux favoris, *Inexploré*, l'article de Jean-Philippe Galdi sur le « Gayatri mantra ». C'est une transmission millénaire dont on ne peut dater les origines. En Inde, traditionnellement ce long mantra est récité par les prêtres, les brahmanes, au lever et au coucher du soleil. De nos jours, de nombreux Indiens, dans les villes aussi bien que dans la nature ou les ashrams, chantent la Gayatri et accèdent à la paix, à la connaissance en relation avec les rythmes de la création. Le Gayatri mantra est considéré comme le mantra suprême qui nourrit la divinité en chacun. Il nous invite à être conscients de chaque pensée, parole et intention afin de recevoir la beauté de chaque instant.

Om bhur bhuva svaha
Tat savitur varenyam
Bhargo Devasia Dhimahi
Dhiyo Yo Naha Prachodayat
Om

Il y a plusieurs traductions et interprétations de ce mantra. En voici une :

« Om, monde terrestre, monde de l'espace, monde céleste… méditons sur la splendeur divine du soleil, puisse-t-il faire surgir en nous la révélation et la connaissance de la lumière transcendante de la conscience. »

Quand j'ai lu « long mantra », j'ai pris peur, mais il est en fait assez court et j'ai décidé de l'apprendre pour en égrener les mots à l'ombre de mes arbres, ou lors de mes balades dans la forêt d'Ermenonville. Un mantra aide à la concentration. Personnellement, j'en égrène toujours un, sinon je m'éparpille. La litanie du mantra sur lequel je me concentre met en attente les autres pensées qui attendent au portillon.

Il y a différentes façons de méditer. Différents degrés de pratique, et je dirais même différentes utilisations. Vous pouvez commencer cet « exercice » avec un but précis, qui peut tout simplement être de lutter contre le stress, mais qui peut aussi révéler chez vous des capacités ou des envies nouvelles. Vous n'êtes pas à l'abri d'une petite métamorphose. La meilleure façon de pratiquer est celle qui vous convient, tout simplement. Pour commencer, et pour continuer une fois les bases acquises. Elle évoluera de toute façon.

Que fait le bourdon sur la lavande ?

Ceux qui ont la chance, car je pense que c'est une chance, de vivre près de la nature comprennent certainement mieux quand je parle de communion avec celle-ci, et de la conversation permanente que j'entretiens avec elle. Car à la différence de certaines soirées où la « discussion » s'apparente parfois plus à une succession de monologues, celle avec la nature est un échange profond et silencieux. Et le calme aide à la méditation. Plus les années passent, plus je deviens contemplative. Je peux passer des heures à regarder des insectes évoluer sur les fleurs, à m'émerveiller sur la perfection et la variété des mousses du bord de rivière, à inventer des histoires en suivant les nuages dans le ciel, ou à regarder vivre mes animaux. Pour certains, cela est synonyme d'ennui. Pour moi c'est un luxe. J'ai dépassé ce sentiment de culpabilité sous-jacent quand je me pose dans le silence et la contemplation. Aujourd'hui d'autant plus, où le temps passe si vite que je compte en printemps en m'attachant à n'en perdre aucun. Ainsi je prends le temps de regarder. De me poser des questions *a priori* sans intérêt et pourtant…

Que fait le bourdon sur la lavande bleutée tendre et romantique ? Un bourdon dont les ailes sont si petites par rapport à son poids que logiquement il ne devrait pas voler. Et pourtant il vole grâce à la vitesse incroyable de ses ailes et des particularités bien spécifiques qui ont fait plancher grand nombre de physiciens pendant des décennies. Je ne vais pas vous faire un cours sur le bourdon et l'aéronautique, mais en résumé, au long de découvertes successives on en a conclu que le bourdon ne défiait pas les lois de la physique, mais était extrêmement habile à en tirer parti. Il en est ainsi pour certains malades atteints de pathologies jugées incurables, qui pourtant à force de volonté, de foi, appelez ça comme vous voudrez, ont stoppé et inversé l'évolution de leur maladie, défiant toutes les lois de la médecine. Il faut accepter qu'il y ait des guérisons incroyables et inexplicables. Selon certains critères en tout cas. Le corps est absolument magique. Il y a encore tant de choses à découvrir, qui aujourd'hui interpellent la science.

Je reviens un moment sur mon petit bourdon : je m'attends plus à voir en fait des abeilles sur la lavande, butinant à qui mieux mieux dans leur ballet incessant. Mais le bourdon, qui semble presque être un nuisible et un perturbateur, est en fait un grand pollinisateur. Il en est ainsi de ceux qui dérangent parfois, dont le discours choque, qui sortent des sentiers battus mais nous permettent de réfléchir, de voir les choses autrement. Ils sont précieux. Ce sont eux qui pollinisent l'avenir. Certaines rencontres de vie, de lectures, de documentaires nous inspireront une façon de penser, d'agir ou de réagir qui ne nous quittera plus et nous inspirera peut-être notre existence durant. Quand il y a passion, il y a contagion. C'est ça que j'appelle polliniser. Rencontrer des gens passionnés agit comme un booster. Dans quelque domaine que ce soit, c'est une source de joie.

Quant à nous, si nous avons compris une démarche, un comportement salvateur pour nous-mêmes, il ne faut pas se priver d'en parler et d'échanger. Il est important de semer des graines. Après ce n'est plus nous qui décidons. Et il y a parfois des surprises. Des graines qui mettent du temps à germer, d'autres qui germent où on ne les attendait pas. Et bien sûr celles qui ne germent jamais. Pas dans cette vie en tout cas.

Semer et espérer

David Bowie a eu ces mots magnifiques : « La religion est pour ceux qui ont peur de l'enfer, la spiritualité pour ceux qui en reviennent. »

Il est vrai que les grandes souffrances éveillent à la spiritualité. Elle devient une évidence. Depuis longtemps déjà, la méditation a été expérimentée dans les prisons, avec des résultats parfois stupéfiants. Le maître indien Sri Sri Ravi Shankar, lors d'une conférence au mémorial de Caen, avait évoqué le sujet il y a peut-être quinze ou vingt ans de cela. De nombreuses interviews avaient été faites. Tous les détenus reconnaissaient le bienfait de leur pratique guidée. Alors bien sûr on peut toujours arguer qu'ils n'allaient pas dire le contraire en étant interrogés, mais ce qu'il y avait dans leur regard parlait pour eux. Il n'y avait pas la dureté ou la colère que l'on pouvait voir des semaines auparavant. Car, bien entendu, il y avait comme il se doit un avant et un après. Autre exemple criant dont nous parle Stéphane Haskell dans son livre *Respire* : ces pratiquants de yoga dans le couloir de la mort aux États-Unis qui osent dire qu'ils sont enfin libres… Faut-il attendre d'en arriver à des situations extrêmes pour explorer cette voie ? Je crois que c'est maintenant, dans ces temps perturbés et perturbants, qu'il faut faire l'expérience de la méditation et mettre cette rime à la prose hésitante de notre aventure terrestre.

L'énergie

*« Qu'encore quelques générations passent,
et nos machines seront alimentées
par une puissance disponible
à tous les points de l'univers. »*
(Nikola Tesla)

Le problème de l'énergie est à la une de nos préoccupations. Le prix du gaz, de l'électricité a explosé, amenant de la détresse dans beaucoup de foyers. Copernic avait dit que c'était la Terre qui tournait autour du Soleil et non le Soleil qui tournait autour de la Terre. Aujourd'hui on dit que ce n'est pas la matière qui est première mais la conscience qui fait se cristalliser la matière… Serions-nous au début d'une renaissance ? Il semblerait qu'il faille trente ans pour un changement de paradigme. Peut-être, peut-être y sommes-nous bientôt. Restons positifs.

Nikola Tesla

Nikola Tesla était l'archétype du savant fou, mais derrière cette personnalité insaisissable se trouvait un grand humaniste qui voulait apporter le progrès dans tous les foyers. Il est rare que les génies fassent l'unanimité auprès de leurs pairs. Il n'échappa pas à la règle. Mais aujourd'hui le nom de Tesla est presque incontournable dans l'histoire de la technologie. Ce n'est certainement pas un hasard si le fameux constructeur de véhicules électriques, Elon Musk, a choisi cette appellation…

La plus importante des découvertes de Nikola Tesla a certainement été le courant alternatif. Mais son Graal était d'une dimension humaniste absolue. Il avait découvert l'énergie libre. Ce chercheur génial si controversé à l'époque semble pourtant avoir fait rouler une voiture à moteur quantique pendant plusieurs centaines de kilomètres. Info ou intox ? Il y a eu plusieurs levées de boucliers contre cette affirmation. Il y en a inévitablement.

Toujours est-il que le gouvernement indien, pour des raisons de moyens et d'éthique environnementale, avait demandé aux alentours de 2010 à ses plus grands ingénieurs, comme Paramahamsa Tewari[1], de

1. Ingénieur électricien et ancien directeur exécutif du Nuclear Power Corporation of India.

reprendre les travaux de Tesla et de travailler sur le moteur quantique.

Les plus anciens documents que l'on possède sur les religions de l'Inde sont un ensemble de Veda rédigés en sanskrit archaïque. Dans la tradition hindoue, le Veda, c'est « le Savoir », « la Science par excellence ». Les recherches de Paramahamsa Tewari sur la nature de la réalité l'ont conduit à l'étude de ces anciens Veda qui l'ont eux-mêmes amené à la formulation de la théorie vortex de l'espace. C'est une nouvelle théorie unifiant la relation entre l'espace, la masse, l'inertie, la lumière et la gravité. Les découvertes révolutionnaires pour notre monde ont été le feu, puis la roue, l'électricité, et enfin la maîtrise de l'atome. L'énergie libre sera peut-être bien celle du XXIe siècle. Les quatre premières de ces innovations impliquaient une compréhension des éléments matériels. Mais là nous parlons d'une compréhension des propriétés non matérielles de l'espace. Celle-ci est encore incomplète. Dans l'hindouisme, l'Akasha ou Éther désigne l'essence de tout ce qui existe. C'est la substance de l'espace, du ciel, de l'univers et de la vie. Ce concept qualifie ce qui est unique, éternel, présent mais imperceptible. Sollicité par le Prana, mot sanskrit qui sert à désigner l'énergie vitale omniprésente, il crée l'existence de toute chose et de tous les phénomènes dans des cycles ne se terminant jamais.

Sa découverte est plus qu'une innovation, c'est un changement fondamental dans la façon dont l'énergie peut être générée.

Je vous l'accorde, ce n'est pas évident tellement nous sommes loin de tout ce qui a toujours été enseigné. Mais à l'heure de la médecine quantique, de l'infiniment petit qui devient information et de l'incroyable révolution que cela implique, c'est un discours que l'on peut entendre et essayer de comprendre.

La terre a mis des millions d'années pour produire dans ses entrailles ce qui nous sert de carburant et que nous aurons bientôt épuisé. Les puits de pétrole finiront par se tarir, comme d'autres ressources. L'indispensable carburant est déjà devenu un moyen de chantage et de manipulation et une raison d'inquiétude. La présence potentielle d'une autre énergie, libre et non polluante, ouvre quand même des perspectives génératrices d'espoir, non ? Nous sommes à l'aube de grandes découvertes. À la vitesse où vont les choses, peut-être connaîtrai-je la téléportation. Mon rêve ! Qui sait ? Quand je lis des articles sur de telles découvertes, je remballe ma nostalgie et me dis que nous vivons une époque formidable.

Les peuples premiers

La notion du Prana, cette énergie vitale omniprésente, et de l'Akasha, substance de l'espace, du ciel et de l'univers, n'est pas à l'esprit de la majorité d'entre nous, il faut bien le dire. En revanche, les peuples premiers, eux, vivent depuis toujours avec cette conscience-là, l'ont intégrée dans leur vie et leurs croyances.

Un message essentiel

Les peuples racines ont ce lien naturel depuis toujours avec l'invisible. Pour eux la méditation est une évidence. Elle passe par cette communion avec la nature. Ils lui appartiennent. Ils ne font qu'un. Les chamanes parlent avec les arbres, les plantes, les pierres, tout ce qui fait partie de l'univers. Le chamanisme nous invite à faire cette expérience, et à ressentir que nous sommes la nature. Un moyen de comprendre intimement que ce que nous faisons au vivant, au bout du compte nous le faisons à nous-mêmes. Les peuples premiers peuvent nous inspirer pour retrouver nos racines souvent enfouies sous des couches de modernité, nous permettre de retrouver notre lien avec le vivant. Pour les peuples racines tout, absolument tout, est vivant, vibrant et porteur d'énergies, d'informations, de dialogues, de transmissions.

Les peuples premiers représentent 6,2 % de la population mondiale, soit 476 millions de personnes, 22 % de la surface terrestre et 80 % de la biodiversité. Ils ont depuis des millénaires ce lien à la nature qu'ils protègent et avec laquelle ils vivent en harmonie, dans la notion du sacré. Notion que nous avons oubliée et éliminée de notre vocabulaire. La transmission des savoirs ancestraux ne se fait plus. La mondialisation, la standardisation du mode de vie à l'américaine sont en train d'achever ces cultures. Trop de jeunes sont sur leurs smartphones et les réseaux sociaux et ne s'intéressent plus assez à la culture de leurs aînés. Certains ne font plus la distinction entre valeur et valeurs.

On m'a récemment demandé de parrainer un nouveau journal du nom de *Natives.* Son but est de parler des peuples premiers. De leurs cultures, de leur sagesse millénaire, du sens de la vie, des injustices et des peurs auxquelles ils font face devant les intérêts d'humains à l'ambition sans scrupules. Les peuples autochtones protègent les forêts anciennes, les rivières et les zones humides depuis des siècles. Ils ont la connaissance. Mais ils font face au problème désastreux de gouvernements cupides qui ne reconnaissent pas leurs droits fonciers. Les mineurs, les braconniers et les bûcherons clandestins les envahissent. Ils sont ignorés, spoliés, parfois tués alors qu'ils sont le dernier recours de la terre.

L'émission *Rendez-vous en terre inconnue* a souvent mis en lumière la vie de ces populations. Pourquoi les invités ont-ils été à chaque fois aussi bouleversés ? Certainement par cette authenticité sans fard au parfum d'évidence et de vérité que le cœur ne peut que ressentir. Parlez avec Frédéric Lenoir, écrivain philosophe, de ses voyages auprès d'eux. Communication de conscience, d'esprit, il est le premier à regretter que leur précieux savoir soit au bord du gouffre de l'oubli.

Victimes

L'avancée de l'armée du progrès semble s'acharner sur les lieux de vie des peuples premiers. Vous avez certainement entendu parler des Massaï, fascinant peuple semi-nomade d'éleveurs et guerriers aux rituels traditionnels qui vit dans les réserves naturelles de la Tanzanie. Ils sont aujourd'hui violemment expulsés de leurs terres ancestrales pour que les safaris où que sais-je d'autre puissent avoir lieu. Le terme « terres ancestrales » fait référence au domaine physique spirituel et énergétique plutôt qu'aux frontières politiques administratives. Ces mesures touchent l'âme de tout un peuple. Mais les intérêts du pouvoir en place n'ont que faire de ces considérations. Ces abus d'autorité, cette folie des hommes, font monter en moi une grande tristesse. Malheureusement ils ont toujours existé. Je rêve tant d'un autre monde.

Le savoir tibétain est en train de disparaître. Surtout à cause de la politique chinoise. Paradoxalement, la transmission de ce savoir se fait aujourd'hui par la voie occidentale, et par la diaspora tibétaine établie à travers le monde, restée fidèle à sa culture.

Heureusement en Occident certains thérapeutes ont pris conscience des limites du mode de vie ultra technologique qui est le nôtre et sentent l'importance de ces savoirs traditionnels. Ils ont compris l'essentiel à préserver dans le message de vie des peuples premiers. Un peu comme un juste retour des choses. Rendre hommage à ces cultures après avoir fait tant de mal avec la mondialisation et les colonisations. Beaucoup ont perdu leurs terres ou les voient menacées, et nous Occidentaux avons rompu le lien avec la nature. Avec la terre-mère. Le message des peuples premiers est essentiel, plus que jamais, à l'équilibre du monde : mettre notre conscience au service de toutes les formes de vie pour en être les gardiens. Il ne faut pas oublier que nous sommes inclus dans un ordre où toute vie, végétale, animale et humaine, est aussi reliée aux autres éléments que sont l'eau, l'air et la lumière. Sortir de cet ordre nous condamne à plus ou moins long terme. Protéger la biodiversité, c'est veiller au bon fonctionnement des processus naturels qui perpétuent la vie.

Un peu d'espoir

Il y a des pays qui ont pris beaucoup d'avance sur la reconnaissance du crime écologique. Dans certains États d'Amérique du Sud, des peuples autochtones ont bénéficié d'un statut particulier pour gérer et protéger leur environnement. En Guyane, le cas des Wayanas, victimes de la pollution au mercure, pourrait faire jurisprudence dans le contexte international. Malheureusement, en France, le crime écologique n'est pas reconnu. Et pourtant notre pays a pris des engagements internationaux, en signant en 2007 la déclaration des Nations unies sur les droits des peuples autochtones. Ils n'ont pas été respectés. Et la situation de ces peuples est alarmante. Les différents traités n'ont jamais pesé bien lourd face à la cupidité. La richesse des sous-sols a été et est trop alléchante pour laisser place au respect de la vie et de la culture des populations autochtones. Ces faits ne défraient pas la chronique et c'est bien triste. Une lueur d'espoir m'anime malgré tout quand je vois qu'au Québec une rivière vient d'obtenir un statut de personnalité juridique. Grâce à cela, « toute atteinte portée à sa biodiversité, à son eau ou à la dégradation de son écosystème pourra être portée devant la justice ». Située sur les terres ancestrales de la communauté d'Ekuanitshit, elle est associée à la culture et à la spiritualité de ce peuple autochtone. Cette information m'a interpellée, je la partage avec vous. Bien sûr que c'est une goutte d'eau dans l'océan, mais j'aime à croire que c'est un début… Nous sommes bien en retard sur tout ça. Le Bénin est le berceau de la première législation africaine sur les sites naturels sacrés et les populations qui en sont les gardiens. Elle ouvre la porte à des poursuites judiciaires contre ceux qui les violent. De même en Afrique du Sud, en Éthiopie, en Ouganda, au Kenya, au Ghana. Des écosystèmes ont été reconnus comme des sites sacrés et ont pu être protégés de l'exploitation industrielle en leur donnant par exemple le statut de réserve de biosphère par l'Unesco. Pourtant, ce qui se passe en Amazonie est une catastrophe planétaire. Et le Kenya ne respecte pas sa signature. On en parle, des associations font de leur mieux pour alerter l'opinion publique, mais tant que les bonnes personnes ne seront pas au pouvoir rien ne changera vraiment. Les trésors de la forêt sont pillés dans l'inconscience et l'indifférence des politiques.

Ma rivière, source d'inspiration
et de méditation.

Tiphon, Maya, Kiss et Shila : un amour inconditionnel.

Et mon nouvel instructeur, Suzie la tempête.

Avec Kiss dans ma campagne varoise.

Une parenthèse de bonheur sans cesse renouvelée : le moment précieux de cette promenade en forêt avec Alboroto, mon cheval, et Shila, ma chienne, toujours devant.

Tout a commencé par là.

1973. Mehdi et moi, deux adolescents au milieu de toute cette pléiade de stars du moment.

Vingt ans plus tard, les joyeux lurons de la Star Racing Team réunis pour la passion de l'automobile, sous la houlette de Moustache.

La première du *Toubib* avec tout le « gratin » parisien, en présence de mon père, derrière Yves Montand. À droite de mon père, mon frère Servais. Maman est évidemment dans la salle, mais hors-champ.

Complicité entre Alain Delon et moi. Un homme à qui je voue une affection et une reconnaissance éternelles.

Coulisses de trois tournages qui ont marqué ma vie :

... La Dernière image

... Pause-Café

... Sud lointain.

Ma maquilleuse Patricia qui m'a suivie sur de nombreux tournages et Rony, mon « garde du corps » sur *Loin des yeux* en Afrique du Sud.

Avec mon regretté Serge Leroy, le réalisateur de *Pause-Café*.

Inoubliable équipe de *Pause-Café*.

Hommes et acteurs formidables avec lesquels j'ai partagé des moments complices : Thierry Lhermitte, Gérard Lanvin, Bernard Yerlès, Jean-Luc Reichmann et Johnny Hallyday.

Mes filles d'adoption dans *Demain nous appartient*, Solène Hébert et Juliette Tresanini, que mon cœur ne quitte pas.

Ces personnalités merveilleuses que j'ai eu le bonheur de côtoyer, malheureusement disparues mais si présentes pour moi :

Bruno Pradal, Pierre Vaneck, Pierre Mondy, Charles Aznavour...

En hommage à Pierre Vadé, le coiffeur de toutes les stars de l'époque. Mon Pierrot, que j'appelais « mon papa de voyage ». Rencontre sur le tournage du *Toubib* et nous ne nous sommes plus quittés, jusqu'à son « départ ». Il fait partie de ceux de l'ombre qui sont si importants pour nous. Son humanité, son attention et sa gentillesse ont été tellement précieuses.

Quelques grands souvenirs de théâtre. Line Renaud, cette grande dame que j'appelais « Maman bis ». Avec Nicole Croisille, une grande complicité pour les *Monologues du vagin*. *Personne n'est parfait* : inoubliables fous rires avec Jean-Luc. *Inavouable* avec Michel Leeb : la dernière pièce d'Éric Assous. Tendresse particulière pour ce formidable acteur qu'est Jean-Michel Dupuis.

Un documentaire sur ma grande passion pour les chevaux. Le fil rouge, mes rencontres avec les « gens de chevaux » qui m'ont marquée. Parmi eux, Lorenzo, génie du cheval en liberté, et Pierre Aubanel, une figure de la Camargue.

Avec Laurent, À Stockholm, pour l'enregistrement de la version anglaise de *Désir, désir*.

Le clip *Aviateur* est l'un des plus grands souvenirs de ma vie. C'est une chance d'être toujours en lien avec ces pilotes exceptionnels.

Les deux merveilleux bouts de chou qui ont prêté leurs irrésistibles rires à la chanson « Écoute maman » pour mon album *Rêve.*

Les peuples premiers, victimes de tant d'injustices : un engagement pour porter leur voix

La cacique Tanoné, l'une des rares leaders féminins autochtones. Depuis plus de trente-cinq ans, elle se bat pour la survie de sa communauté et de ses terres ancestrales au Brésil.

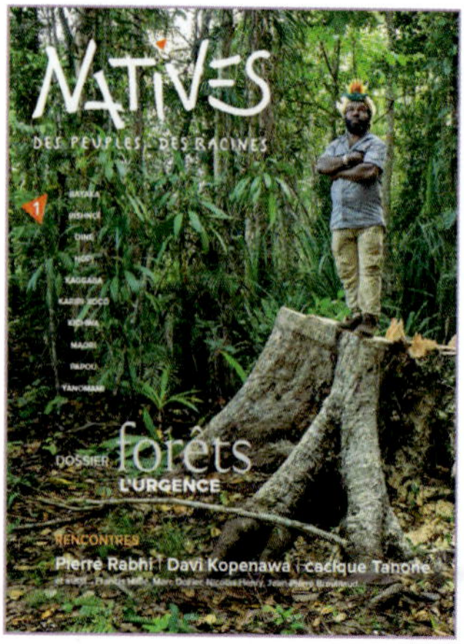

Enfin un journal pour parler d'eux et transmettre leur message.

Une grande amitié complice me lie à Jetsun Pema, présidente d'honneur de Graines d'Avenir, et à son mari, Tempa Tsering.

Sa Sainteté le dalaï-lama, lors de l'inauguration de l'université de Bangalore. Un grand homme qui continue de m'inspirer.

Le milieu associatif, l'émergence du meilleur de l'Homme.

EQUIFUN

Fanny Delaval et Jean-Claude Leterrier, aux commandes de l'association Equifun : une belle rencontre et le début d'une grande amitié d'où est née une formidable collaboration.

EQUIFUN ET GRAINES D'AVENIR

Tous les bénévoles rassemblés au magnifique pôle hippique de Saint-Lô pour l'Equifun annuel au profit de Graines d'Avenir.

En Inde, avec Thierry Janssen et Dicky La qui ont énormément œuvré avec moi pour Graines d'Avenir.

RÊVES DE GOSSES

Jean-Yves Blème, fondateur et président de la magnifique association Rêves de gosses, dont je suis la marraine depuis plus de vingt ans.

CENTRE RESSOURCE, un autre regard sur le cancer

Des initiatives comme celle-ci sont de plus en plus nécessaires.

Maman était de toutes les rencontres et de tous les voyages.

Quand on a 12 ans, on n'échappe pas aux réunions qui nous saoulent, mais que les parents jugent nécessaires. Maman dans sa trentaine magnifique.

Avec David Hasselhoff, le héros de *K 2000* et *Alerte à Malibu.*

Dans une scène de *Madame le Consul* quand elle jouait le rôle de ma mère.

À Étretat sur le tournage de *Mademoiselle Ardel*

Cet été-là, Maman a enfin établi un lien avec Migmar. Malheureusement, c'était deux mois avant son « départ ».

Ma fille Migmar.
Tout ça pour ça.
Et ce « ça » est le cadeau du présent.

Accueillir et vivre intensément chaque moment.

Le destin des arbres

L'autre jour, en me promenant en forêt, je regardais un vieil arbre dont les racines affaiblies ne lui avaient pas permis de rester debout dans les tempêtes. Un jour il était tombé. Il était là, couché, d'autres feuillages commençaient à le recouvrir. Pendant l'hiver il avait abrité de petits animaux et nourri des colonies d'insectes. La masse de son tronc, malgré les années écoulées, avait encore servi de refuge. Ne serait-ce pas ainsi à l'ombre de nos aînés, voire de nos ancêtres, qu'il faudrait malgré tout puiser certaines valeurs ? La nature m'inspire toujours ce genre de pensée. Elle est pour moi une mine de réflexions, d'enseignements et de joie. Je ne cesse de lui dire merci.

Une vraie tristesse m'envahit lorsque je vois ces immenses arbres abattus ou déracinés. Ils ont connu tant de choses. La modernité avide arrive et d'un coup de tronçonneuse met fin à leur histoire. Alors qu'ils n'ont fait que protéger. De leur essence, de leur ombre, de leur sève, de leurs fruits. Toute leur vie.

Mon amour des arbres m'avait inspiré ces lignes que j'ai retrouvées en triant des papiers :

« Ils m'ont sous le soleil accordé leur ombrage, enchanté mes yeux de leur ramage et inspiré mes mots au rythme des saisons. Ils ont secrètement abrité mes pensées, mes joies ou mes regrets. À eux j'ai pu confier la douleur de mes maux. Je leur ai parlé si souvent, comme à des sages cherchant dans leur essence à changer mes images. Ils m'ont donné leur force en se contentant d'être, ancrés dans cette terre, tournés vers la lumière, et toujours s'élevant vers la grandeur du ciel. Ils ont abrité tant de chants d'oiseaux, accueilli tant de jeux d'enfants. Entendu les clameurs de joie, de peur, de tant d'histoires de vaincus ou vainqueurs. Je les ai vus passer de l'hiver au printemps et toujours refleurir, jusqu'à leur crépuscule car j'en ai vu aussi mourir tout comme les hommes. Peu de leur belle mort, beaucoup de l'ignorance ou de l'indifférence. Et je les ai pleurés. »

Mes mots ne valent pas le magnifique poème de Victor Hugo, mais mon hommage aux arbres est aussi sincère. J'aime entrer dans cette forme de communion avec eux.

Les arbres sont étonnants. À de multiples égards. Ils sont vivants, ils ont leurs règles, leur mode de communication. On sait quand même beaucoup plus de choses sur eux aujourd'hui grâce entre autres à ce merveilleux livre de Peter Wohlleben, *La Vie secrète des arbres*, que je vous conseille de lire si ce n'est déjà fait. Il existe aussi la déclinaison pour enfants, passionnante, qui séduira la famille entière. Une chose est sûre, vous n'aurez plus le même regard sur les arbres. Et vous serez certainement surpris en découvrant leurs fonctionnements. Ils ont depuis toujours développé la solidarité coopérative, indispensable à leur survie. Mais la leur n'est pas tronquée, contrairement à nos réseaux sociaux trop souvent. L'arbre a toujours fait partie de l'histoire de l'homme. Chez les Celtes, la nature jouait un rôle très important. Du domaine du sacré. Jusqu'à l'époque prémédiévale, la forêt des Carnutes, par exemple, rendue célèbre par Panoramix dans la fameuse bande dessinée *Astérix et Obélix*, était considérée comme le lieu sacré de la culture celte. Mythique lieu de rencontre des druides où l'on pouvait communiquer avec les esprits de la Nature. Comme d'ailleurs en forêt de Brocéliande, reconnue aussi dans la culture druidique et celtique.

Un bien nous concerne tous, c'est cette terre, et il est regrettable qu'elle soit entre les mains de quelques « élites » qui ne se soucient que du profit. N'ont-ils pas de descendance ou un minimum de conscience ? Rien qu'avec ce que l'on sait aujourd'hui, il y aurait des mesures à prendre sans tarder. Des candidats politiques à boycotter. Mais non, rien ne bouge vraiment de ces situations, de ces excès qui peuvent être fatals pourtant à toute une population. Beaucoup de scientifiques annoncent que nous avons atteint un point de rupture sur le plan planétaire. La sixième extinction de masse est en marche. Les cinq précédentes avaient une origine non humaine. Mais l'Homme est grandement responsable de celle-ci. Comment scier la branche sur laquelle on est assis…

Les problèmes viennent en grande partie de ce qu'on a commencé à agir sur la nature sans se préoccuper de comprendre l'ensemble de l'équilibre naturel.

Mes plus jolis voyages

Pendant le confinement, j'avais sauvé deux bébés merles gris. Le séjour que j'ai fait pendant les deux mois de confinement en leur compagnie n'a été qu'une suite de joies, de surprises. Parvenir à échanger avec un oiseau, c'est mieux qu'un voyage en jet privé. Une émotion que je ne saurais décrire, qui m'a emplie d'une joie indicible. Ils allaient et venaient à leur guise, mais recherchaient toujours ma présence. Où que je sois dans la maison. Je les ai nourris avec des asticots que j'allais chercher tous les deux jours au rayon pêche du supermarché. Je les ai emmenés à la découverte de la rivière, pour trouver leur nourriture. Ce que leur aurait appris leur maman certainement. Petit à petit les amener vers leur autonomie. C'est ce qui s'est passé. Le premier est parti un beau matin. Je ne l'ai pas revu. Le deuxième, dont j'étais le plus proche, m'a pépié un long monologue le jour d'après, avant de suivre le même chemin. Ils sont partis faire leur vie. Je vous souhaite de vivre cette expérience un jour. Les oiseaux font rêver. Rien que parce qu'ils volent, et que c'est le rêve de chacun quelque part. Les regarder s'amuser dans le vent tels de libres cerfs-volants est un spectacle qui me réjouit. Il semblerait que je sois abonnée aux histoires d'oiseaux.

Il y a deux ans, pendant le tournage à Sète de *Demain nous appartient*, j'ai sauvé un jeune pigeon du bec cruel d'un goéland. Le spectacle du sauvetage dans la grande rue de la ville valait le détour. Heureusement le ridicule ne tue pas. J'ai gardé caché tant bien que mal mon pigeon pendant une semaine, avant que ne soit posé le problème du départ. Était-ce bien de le laisser ici, sur son lieu de naissance, si dangereux pour lui qui ne savait pas encore voler ? Peut-être n'allait-il d'ailleurs jamais être capable de voler à cause de sa blessure que j'avais du mal à identifier, et qui le faisait boiter bizarrement. Le même drame pouvait se reproduire avec un autre goéland. J'ai donc décidé de l'emmener avec moi dans ma campagne varoise. Très vite il a pris ses marques. Il ne rentrait que le soir dans l'abri qu'il avait clairement identifié. Je l'avais appelé Pilou. Je le nourrissais avec une pipette. Pilou avait vite compris que c'était en hauteur qu'il fallait être. Plus besoin de lui montrer. Un après-midi, il m'a fait la belle surprise de me rejoindre en volant. Sa convalescence était terminée, et ses ailes s'étaient déployées. Il se perchait toujours près de l'endroit où j'étais. Puis un jour, il est venu picorer les petites taches sur mes jambes, ce qui voulait dire qu'il avait faim. Mais il était temps qu'il se débrouille tout seul. Ma mission dans mon cœur avait été de lui permettre d'être un oiseau, de faire ce pour quoi il était fait. Voler ! Et c'est ce qu'il a fait ce jour-là. Il est parti droit devant, jusqu'à échapper à ma vue. L'histoire est déjà jolie comme ça, mais elle ne s'arrête pas là. Je reviens à Sète une semaine plus tard. Mon regard capte un groupe de pigeons perchés sur la fontaine. Il y en avait un qui ressemblait à mon Pilou.

Vous me direz, tous les pigeons se ressemblent, mais c'est faux. Quand vous donnez votre attention et votre affection à un être, quel qu'il soit, il ne ressemble plus jamais aux autres. Parce qu'un fil invisible vous lie à lui. Et donc je vois tout à coup ce pigeon marcher sur la fontaine, de la démarche claudicante si propre à Pilou. C'était bien lui. Il avait rejoint le lieu de sa naissance. Comme tout pigeon voyageur. J'étais stupéfaite et heureuse. J'ai repensé à l'histoire de ce fameux pigeon voyageur du nom de Vaillant. Souvenez-vous, il y a eu un film d'animation magnifique sur lui. C'était en fait un bel hommage à celui qui a sauvé un grand nombre de vies pendant la Première Guerre mondiale. Il portait le matricule 787.15. À Verdun, il parvint à porter l'ultime message du commandant Raynal et fut décoré de l'ordre de la Nation. Certains monuments aux morts évoquent le pigeon messager. Un autre pigeon aussi, du nom de Cher Ami, grâce au message porté à travers les balles, malgré ses blessures, a sauvé le 77e bataillon d'infanterie US. En France, 60 000 pigeons soldats ont été utilisés pendant la guerre 14-18. Ces pigeons-soldats faisaient l'objet d'une attention toute particulière et ont eu les distinctions réservées aux héros de guerre.

Certains ne verront que le sacrifice de pigeons qui n'avaient rien demandé à personne, mais sachant qu'il en est de même pour tant de jeunes hommes envoyés au front, je trouve formidable la reconnaissance du monde militaire envers ces petits êtres à plumes qui ont sauvé des centaines de soldats. Nos amis les bêtes sont bien souvent nos meilleures et plus fidèles alliées. Comme les chiens dans les opérations de déminage ou de sauvetage par exemple. Repérer la drogue aux aéroports est aussi souvent leur mission. Depuis peu, on les utilise pour détecter les cancers. Ils ne se trompent jamais. Pour les aveugles ils sont l'espoir d'une nouvelle vie. J'ai par un malencontreux hasard appris que certaines personnes malvoyantes n'étaient pas respectueuses ni reconnaissantes envers leur compagnon. Et cela m'a peiné. L'ingratitude est un travers que j'ai du mal à comprendre. En Chine, pendant l'épidémie, on a vu des gens jeter leur chien par la fenêtre. Au cas où il serait porteur du virus. Vous feriez ça à un membre de votre famille ? Votre chien est votre meilleur et plus fidèle ami. Le maître représente tout pour lui. Il se ferait tuer pour vous. C'est un amour inconditionnel, sans jugement et sans égal. Quand j'assiste à de tels actes aussi stupidement spontanés que barbares, je ressens à la fois tristesse et colère et j'ai parfois honte de faire partie de la race humaine. Les abandons n'ont jamais été aussi nombreux. Des inconscients sans cœur ont adopté un chien pour pouvoir sortir pendant le confinement. Pour l'abandonner une fois les mesures adoucies. Sans que cela leur pose un problème de conscience. Oui, encore une fois, il faut rester maître de sa colère, mais il faut quand même l'exprimer. C'est ce que je fais. Mon amour des animaux ne peut pas ne pas se manifester. Ce n'est malheureusement qu'un exemple de ce que le monde animal subit de la cruauté et de l'ignorance des hommes. La supériorité humaine décrétée et revendiquée depuis toujours, comme pouvant disposer de toute forme de vie sur Terre... jamais je n'adhérerai à ce postulat stupide et meurtrier.

J'ai une véritable passion pour le monde animal. Quand l'un d'entre eux arrive dans ma vie, quel qu'il soit, je me fais un devoir de l'aider, de l'aimer et de le rendre heureux. C'est comme ça. Peut-être de par le respect que j'ai pour toute forme de vie. Rien ne me semble plus important que de trouver le moyen de communiquer avec lui, d'établir une confiance et une complicité. Je fais ça avec tous mes animaux, et particulièrement avec mes chiens. Les gens sont toujours étonnés du lien si particulier que je peux avoir avec eux, que ce soit Maya, Kiss ou aujourd'hui Shila. J'ai récemment adopté un lapin bélier. C'est une femelle, je l'ai appelée Suzy. Mon but n'est pas de la regarder dans sa cage mais de pouvoir la laisser s'amuser en confiance dans le jardin. Je ne m'y connais pas en lapins, mais j'apprends de l'expérience des autres. Regarder vivre Suzy est une forme d'enseignement. J'ai découvert que le lapin est joyeux et qu'il le manifeste, qu'il s'éduque à la propreté facilement et que le lien que l'on peut tisser avec lui est bien au-delà de ce que je pouvais imaginer, même si je ne compte pas l'emmener au restaurant. Pour l'anecdote, j'ai depuis des lustres un lapin bélier en peluche sur mon lit, qui est de la même couleur que ma Suzy. À croire qu'elle m'était destinée. Partager la vie d'un animal est toujours un enseignement quand on prend le temps de le découvrir, de comprendre ses réactions, ses besoins et son « langage ». Si votre attention est là, vous finirez par saisir très vite ce qu'il vous dit. Pour lui, dont l'occupation majeure est de vous observer alors que vous vaquez à vos occupations, c'est une évidence. Il apprend tant de vous à votre insu. Une intonation lui indique votre humeur, un mot est un signal immédiat, et le dernier geste que vous faites, souvent inconsciemment, avant de quitter la maison, est aussi entré dans son quotidien. Il le connaît par cœur et vous surprend à être le premier devant la porte. Il a été démontré que la présence d'un chien dans un bureau fait descendre le stress. Il y a des visites organisées dans les maisons de retraite que l'on appelle « médiations animales », qui de toute évidence apaisent et réjouissent les personnes âgées. La Petite Ferme de Lilly à Régusse fait ça régulièrement. Elle accueille également des enfants en situation de handicap pour leur faire ressentir cette relation si particulière qui s'installe entre l'homme et l'animal. Tout cela est magique. Comme l'a été la naissance de ce lieu si particulier créé par mon ami Moana en mémoire de sa petite sœur, qui a accueilli des animaux maltraités ou abandonnés.

Que l'homme puisse faire autant de mal sur cette terre à nos amis à quatre pattes comme à ceux du ciel ou de l'océan me donne la nausée, me révolte. Alors que nous avons tant à apprendre d'eux. On parle de lois pour les protéger, mais rien n'est véritablement mis en œuvre. Et toutes les pétitions qui passent semblent ne jamais aboutir. Il faut que l'on m'explique par exemple le plaisir que l'on peut prendre à massacrer les dauphins le jour du « grind » dans les îles Féroé. Ou encore la fête de la viande de chien à Yulin, en Chine, dont je ne vous donnerai aucun détail tant ce que l'on fait aux chiens est monstrueux. Bien sûr la réponse est culturelle. C'est toujours la même réponse qui sert d'alibi à cette aveugle cruauté. Sauf que je pense vraiment qu'avec l'évolution de notre planète et le nombre d'espèces en voie de disparition, il y a plus d'urgence à protéger qu'à exterminer.

Victimes oubliées

L'épisode sécheresse de l'été caniculaire de 2022 avait entraîné une pénurie d'aliments de base. Alors que le feu détruisait tant d'hectares de nos belles régions, les pompiers non vaccinés n'avaient pas été réintégrés (???). Aberration quand même. Et les infos ont brandi la victoire de ne déplorer aucune victime. Mais on n'a pas parlé de tous ces animaux qui ont trouvé la mort dans ces brasiers, ni de ces arbres qui ne repousseront jamais ou dans tellement d'années que nous ne serons pas là pour les voir. N'y a-t-il que l'homme qui compte ? Que notre vie qui soit importante et digne d'intérêt ? L'interdépendance, est-ce un mot sans résonance ? Que ferions-nous sans les arbres ? Quel plaisir y aurait-il à traverser une nature stérile et sans chants d'oiseaux ou sans la surprise d'y voir courir un chevreuil ou un lapin ? On nous dit pourtant que la conscience écologique doit être une priorité en chacun de nous. L'écologie c'est tout un ensemble. Une conscience globale. Elle passe par le respect de toute forme de vie. Ces feux dramatiques ont donc réellement fait un grand nombre de victimes.

Les ondes qui nous entourent

Ce qui doit vous soulager doit forcément s'harmoniser avec votre corps, votre mental, votre âme, tout votre être. N'oublions pas que nous sommes sur la fréquence de la terre. Bien qu'embourbés dans une masse d'ondes de toutes sortes, il faut essayer de s'en protéger au mieux. Je dois reconnaître que cela devient de plus en plus difficile. Les compteurs Linky, les box Internet, la 5G, l'escalade de cette « connexion » nous rend chaque jour un peu plus esclaves et nous déconnecte du réel. Je reconnais bien sûr le côté pratique, instructif et ludique d'Internet, je suis la première à l'utiliser dans ce sens, pour en savoir plus sur un sujet particulier, apprendre les rudiments d'une langue étrangère par exemple, mais il faudrait que son accès reste volontaire et ponctuel.

Le 432 hertz

Après la Deuxième Guerre mondiale, pour des raisons obscures, la fréquence de la musique est passée en 440 hertz. La musique de Mozart, comme celle de Beethoven et des grands musiciens de l'époque était sur la fréquence de 432 hertz. Écouter une musique en 432 hertz semblerait pourtant meilleur pour nous puisque c'est le point d'équilibre sonore de la nature. Un de mes meilleurs amis a produit une symphonie qui s'appelle *La Symphonie des liens*, dans laquelle il s'est attaché à ce que tout soit en 432 hertz. C'est lui qui m'a expliqué tout ça. Et les mélodies du deuxième album, *Passerelle*, contiennent des fréquences sacrées, inaudibles à l'oreille humaine mais pour autant présentes. Avec un casque sur les oreilles, on peut vivre l'expérience du son traité en « binaural ». Un son qui tourne tout autour de vous et vous enveloppe complètement. C'est une belle expérience. Quand il m'a demandé d'être la marraine de ce projet, j'ai accepté avec bonheur.

La cymatique

Si vous n'avez pas entendu parler de la cymatique, qui est l'étude des ondes, la visualisation des vibrations acoustiques, je vous invite à aller voir des démonstrations sur Internet. Les expériences montrent de manière étonnante comment les grains de sable posés sur une plaque en métal, se mettent en forme géométrique de façon absolument parfaite et harmonieuse sous la vibration à 432 hertz, et dans une forme beaucoup moins précise en 440 hertz. Mais pas seulement. Plus le son est aigu, jusqu'à devenir inaudible, plus la forme géométrique devient complexe. C'est assez magique. Les figures géométriques se créent sous nos yeux alors que nous ne pouvons plus entendre. Si on enlève les grains de sable, nous ne voyons plus la forme, mais l'onde est toujours active. J'ai vu plusieurs vidéos sur les fréquences et leur action sur l'eau. Nous vivons entourés d'ondes de toutes sortes. Identifier leur action sur nous est quasiment impossible, mais quand on sait que nous sommes faits à 65 % d'eau..., il y a forcément des effets. Je me souviens encore de cette prière en présence du dalaï-lama au camp de réfugiés de Bylakuppe en Inde ! Elle était faite par de nombreux moines tibétains sur une fréquence très particulière. L'émotion qu'elle avait déclenchée en moi a été si intense que je peux difficilement la mettre en mots. Tout en moi est devenu vibration. Avant de fondre en larmes...

L'eau

Si on nous parle de l'importance de ce que nous mangeons, en revanche on ne nous parle pas assez de l'importance de ce que nous buvons. On peut se passer plus longtemps de manger que de boire. On connaît la proportion énorme de l'eau dans notre corps, et pourtant on ne semble pas s'en soucier plus que ça.

J'avais déjà parlé dans mon livre précédent d'Aquadyn et de sa fontaine Mélusine, résultat des travaux que j'avais pu découvrir en Inde, à Auroville. Aux abords du laboratoire, les habitants bénéficient d'une eau purifiée et dynamisée gratuitement. Je n'en parlerai jamais assez, en espérant amener les gens, les villages, les villes, à distribuer une eau de qualité pour la santé des habitants. Nos communes pourraient toutes essayer de s'inscrire dans cette démarche réellement altruiste. Si l'on se penche un peu sur la question, et que l'on prend conscience de ce que l'on boit réellement, il y a franchement de quoi avoir peur. D'ailleurs aujourd'hui on nous annonce que, comme pour le bio, les « normes » de sécurité ont été changées. Plusieurs enquêtes étaient arrivées au même résultat : l'enquête du *Monde* a révélé ainsi que « 12 millions de Français, soit environ 20 % de la population vivant en métropole, sont soumis à une eau du robinet non conforme aux critères de qualité, régulièrement ou épisodiquement », précise le quotidien. « Non conforme » ! Nous ne sommes pas vraiment fixés sur son niveau de toxicité, ce n'est que partiellement révélé, mais rien ne nous empêche de chercher. Une enquête de l'émission *Complément d'enquête,* diffusée sur France 2, arrive aux mêmes conclusions. « Dans un peu plus de 20 % des prélèvements, les autorités sanitaires ont constaté un dépassement de la quantité d'une ou plusieurs molécules de pesticides au-delà du seuil réglementaire, et aurait touché 8 959 communes entre janvier 2021 et juillet 2022. »

Il y a de quoi sérieusement nous interpeller, non ? Dans les années à venir, c'est la répartition de l'eau entre les hommes qui sera un enjeu crucial, par son utilisation dans l'agriculture et par l'accès à une eau potable pour les populations les plus fragiles. En fait, nous serons bientôt tous concernés. On tire déjà la sonnette d'alarme chez nous. Le souci, c'est qu'ici, quand on tire la sonnette d'alarme, le problème est déjà là. Il y a bien longtemps que la question de l'eau aurait dû être abordée. Bien longtemps que nous aurions dû commencer à prendre conscience du privilège de son abondance dans notre pays et apprendre à l'économiser dans nos habitudes quotidiennes. D'ici peu nous n'aurons pas d'autre choix. Dans le monde, des régions entières n'ont pas accès à l'eau potable. Au Canada, en Ontario par exemple, les populations autochtones, encore elles malheureusement, n'y ont pas accès sur leurs terres ancestrales. Depuis plus de vingt ans. Chez les peuples racines, si des centaines de divinités sont associées à l'élément aquatique, c'est qu'il est reconnu comme primordial. L'eau est sacrée. Ils l'ont toujours respectée comme étant l'élément essentiel à la vie. L'eau, source de vie et constituant essentiel de la matière, support d'information, est cela et bien plus encore. L'incroyable molécule qu'est l'eau peut mémoriser et transmettre l'activité des terrains qu'elle a traversés et des divers produits avec lesquels elle a été en contact et dont elle a enregistré la structure. Elle réagit également à l'émotion, à la prière, à la musique. Elle n'a pas fini de nous étonner.

Petits conseils

Je peux vous donner quelques informations sur ce sujet, qui semble devenir brûlant depuis peu mais auquel je m'intéresse depuis longtemps. Plusieurs solutions existent pour améliorer la qualité de l'eau. Il y en a malgré tout pour la majorité des bourses, d'autant plus si l'on considère cet investissement comme une priorité.

Il y a les installations qui se mettent directement sous l'évier à l'arrivée d'eau. Efficaces mais qui restent un peu chers. Les fontaines sont aussi une solution, comme Osmodyne par exemple. Pas donnée mais esthétique et efficace. Les carafes restent le plus accessibles et font quand même un travail appréciable. Et les gourdes sont le moyen idéal de sécuriser votre consommation dans votre quotidien dès que vous vous déplacez. Je peux vous donner quelques noms comme Öko, Life Straw, Water to Go, Huma green, Grayl, N'oubliez pas les filtres, à changer régulièrement. À vous d'aller voir sur Internet et de faire votre choix. Mais faites-le. Et pour la dynamiser, vous pouvez mettre comme moi un disque « Osens » dessous, dispositif à multiples usages. Dernière chose : si vous n'avez pas la possibilité de filtrer votre eau, et que vous êtes sur une commune qui pourrait être impactée, faites-la bouillir. Ce sera toujours ça.

Protéodies
Les mélodies des acides aminés

L'eau est conductrice de l'information. Par sa présence dans tout élément vivant, elle peut faire des miracles.

Il y a des travaux extraordinaires réalisés par Joël Sternheimer sur la musique des molécules de protéines.

J'ignorais jusqu'au mot « protéodie » il n'y a encore pas si longtemps. Cette découverte m'a passionnée et j'ai envie de vous la faire découvrir du mieux que je peux, le plus simplement possible. L'expérience et le résultat sont faciles à exposer. En revanche, l'amont, le processus, est nettement plus compliqué. Vous avez forcément entendu parler des protéines et des acides aminés, indispensables à toute vie sur Terre. Les protéines sont les principales composantes des structures de toutes les cellules de notre corps. Ce sont des chaînes d'acides aminés qui entrent dans la composition des muscles, de la peau, des ongles et du sang. Elles sont nécessaires à la croissance, à la réparation et à la défense des tissus du corps humain, donc impliquées dans le processus immunitaire et l'oxygénation du sang. En fait, chaque acide aminé émet une onde caractéristique. L'existence de ces ondes est admise par la physique quantique, qui considère que toute quantité de matière peut, à l'échelle nanoscopique, s'exprimer sous forme d'onde. C'est le physicien Joël Sternheimer qui les a découvertes et mises en évidence. J'ai tenté d'en faire un résumé. Les lignes qui suivent sont un peu ardues. Elles l'ont été pour moi. Passionnantes mais ardues. N'hésitez pas à les relire, c'est même plus que conseillé. Tellement extraordinaire !

Comment se passe la construction d'une protéine ? La synthèse des protéines s'effectue dans le cytoplasme. Tout d'abord, le gène est transcrit, photocopié en un ARN messager (on ne parle que de ça ces derniers temps). Puis cet ARN messager sort du noyau de la cellule, et voyage jusqu'à une micro-usine de fabrication, une structure nommée ribosome, sur laquelle il s'amarre. C'est là que les acides aminés, apportés par les ouvriers spécialisés que sont les ARN de transfert, vont se déposer un à un sur l'ARN messager. C'est dans ce bref moment du dépôt que l'acide aminé émet un signal ondulatoire spécifique, une onde dont on peut calculer la fréquence vibratoire. Au fur et à mesure de sa synthèse, par apport successif des acides aminés qui s'assemblent comme un collier de perles, la protéine dans son ensemble produit une succession de fréquences semblables à des notes de musique étonnamment en harmonie, une « mélodie de protéines ». Chaque protéine, constituée de dizaines ou centaines d'acides aminés dont l'ordre d'assemblage lui donne une fonction bien précise, est caractérisée par sa propre mélodie. Sternheimer a eu l'idée de transposer cette mélodie quantique aux fréquences inaccessible pour l'oreille humaine en une mélodie audible par changement d'octave. Pour être plus précis, en descendant de 76 octaves afin d'atteindre des fréquences entre 200 et 800 hertz. C'est cette mélodie fidèlement transposée qu'il a baptisée « protéodie » que le vivant reconnaîtra. Ce n'est pas du Mozart ou du Beethoven, je vous l'accorde, mais pour en avoir entendu quelques-unes, je peux juste vous dire que c'est loin d'être agressif.

Les mélodies interagissent avec le processus de synthèse des protéines. Et c'est là que ça devient passionnant et que tout un univers s'ouvre. Si les protéines émettent une mélodie quantique, elles sont aussi sensibles à la musique qu'elles reçoivent. **Une protéine résonne avec sa propre protéodie.** Lorsqu'on joue cette protéodie musicale sur des cellules contenant cette protéine active, à travers par exemple un enregistrement diffusé par haut-parleurs, **la protéine réagit par une accélération de sa synthèse.** Mais ce qui est encore plus étonnant et porteur de promesses, c'est qu'il est possible de composer une mélodie « contraire » à cette protéodie et que la **protéodie contraire a une action inhibitrice sur la synthèse.**

Allez, allez ! Faites comme moi, relisez plusieurs fois pour visualiser. Je ne vous cache pas que j'ai simplifié les explications. J'ai atteint les limites de mes compétences, me noyant dix fois dans des explications trop scientifiques. L'important est de partager cette « découverte » avec vous et d'être compréhensible. Il vous appartiendra d'approfondir tout ça, si ce sujet a capté votre intérêt. Joël Sternheimer en a proposé des applications nouvelles en agriculture (la médecine gardant encore porte close pour l'humain) qui respectent l'environnement et les organismes, contrairement aux pesticides et aux OGM si néfastes à notre système immunitaire.

Des tests démonstratifs sur la croissance des plantes

Les premières démonstrations de l'interaction entre la protéodie et la synthèse de la protéine ont été effectuées avec des légumes. La croissance des plantes est dépendante d'une protéine qui va permettre de synthétiser leur hormone de croissance, chacune nécessitant bien sûr une protéodie spécifique pour l'activer.

On soumet la jeune plante à sa musique par l'intermédiaire de haut-parleurs une ou plusieurs fois par jour, pour une durée variable de 30 secondes à quelques minutes. Le son atteint les feuilles et se diffuse à l'intérieur du milieu cellulaire qui est liquide, jusqu'à la protéine concernée.

Plus que toute explication, les expériences et les résultats sont là. Déjà, en mai 1993, dans un jardin en Ariège (département du sud de la France), différents légumes d'origines identiques ont été plantés en même temps : tomates, poivrons, carottes, haricots verts, oignons, poireaux, courgettes, betteraves, aubergines, coriandre, etc. Une partie, cultivée sans protéodies, a servi de témoin. L'autre a reçu la même préparation, les mêmes conditions de culture, avec en plus des protéodies. Une séquence sonore, spécifique pour chaque légume, a été diffusée environ 1 min 30 s, une ou deux fois par jour. Les résultats sont significatifs. Les tomates sur pied début août étaient deux fois plus nombreuses que sur les plants témoins.

D'autres séries d'expériences dans une serre en Suisse en 1994 ont porté sur la résistance de la tomate à la sécheresse. Il existe une protéine, la TAS14, qui contrôle cette résistance. Du 26 juillet au 11 août, la protéodie de la TAS14 a été diffusée 3 minutes par jour à un lot expérimental. Les résultats seraient sans équivoque. Les feuilles des tomates non exposées à la protéodie séchaient, tandis que celles traitées par protéodie restaient vertes. L'expérience a été renouvelée au Sénégal en juillet 1996. Les mesures ont porté sur l'évolution de la hauteur des plants, le nombre de fruits, leur grosseur, la résistance aux insectes. Le rendement d'un pied est environ multiplié par 4. Quand on sait que l'eau va venir à manquer dans un certain nombre d'années, peut-être plus vite qu'on le croit, cela donne de l'espoir.

Une expérience a été effectuée en 1996 sur une maladie des tomates, qui se manifeste par le recroquevillement des feuilles. L'exposition à la **protéodie inhibitrice** a fortement ralenti, voire stoppé, la maladie. En 2008, après la validation du brevet du « procédé génodique » déposé par Sternheimer, Michel Duhamel et Pedro Ferrandiz ont créé une entreprise du nom de Genodics et prouvent l'efficacité de cette méthode. Accompagnés par un laboratoire de l'université de Cergy-Pontoise, ils ont pratiqué des séries d'expériences répétées en triple aveugle, (difficile de faire plus) sur des graines de petits pois. Le résultat a été édifiant : 37 % de croissance de plus sur les plants stimulés par la protéodie.

Pour l'instant, cette incroyable découverte est principalement utilisée en agriculture : viticole, maraîchère et arboricole. Un agriculteur de Mouriès, par exemple, utilise ce procédé depuis seize ans, pour réduire l'impact de deux virus qui réduisaient dramatiquement sa production. Il ne peut que s'en féliciter. Mais cette méthode a aussi été testée avec succès par plusieurs éleveurs de bétail. C'est peut-être la médecine de demain, capable d'enrayer en musique le développement de virus comme celui qui a déclenché la crise que nous avons traversée. Qui sait ? Vous parlerai-je pour la petite histoire de certaines chansons populaires comme *O sole mio* par exemple, chantée par Caruso, composée devant un champ de tournesol ? Elle contient un fragment de la mélodie d'une protéine qui stimule la production d'énergie dans les cellules de tous les organismes vivants. Protéine contenue en abondance dans les graines du tournesol. Ou encore de *La Marseillaise,* dont un fragment correspond à une protéine coagulante. Ce ne sont que deux exemples parmi tant d'autres. Troublant, non ?

Les chercheurs Boris Efron et Jamal Aissa, anciens collaborateurs de Jacques Benveniste et du professeur Luc Montagnier, ont fondé une unité « Life signature ». Comme son nom l'indique, il s'agit du développement d'une technologie pour détecter la signature, c'est-à-dire l'aspect unique d'un signal électromagnétique émanant d'un virus, d'un champignon, de toute particule vivante. Ces recherches reprennent les travaux de Jacques Benveniste, laminé à l'époque par l'Ordre des médecins et les médias. Peut-être aujourd'hui sa mémoire sera-t-elle honorée et ses travaux reconnus comme un espoir formidable pour l'avenir de la science. J'en rêve...

Le manque de moyens et d'ouverture ne permet malheureusement pas à ces techniques révolutionnaires de s'exprimer et d'évoluer. Il est difficile de trouver les fonds pour continuer à développer ce qui pourrait pourtant être une formidable solution pour détecter instantanément le virus chez quelqu'un, combattre des allergies et tant d'autres choses. Il pourrait y avoir des pesticides sans pesticides, car seule l'information du pesticide demeurerait et serait aussi efficace.

La banane Cavendish est le fruit le plus mangé au monde, et si rien n'est fait ces bananiers disparaîtront sous peu de la planète. Il en est de même pour les palmiers à dattes et les oliviers. Ces cultures sont vitales pour énormément de pays, alors peut-être est-ce par le biais de la nature que les fonds nécessaires au développement de ces recherches seront levés. Ces découvertes m'enchantent et me passionnent. J'espère qu'elles vous ont intéressé ou fait sourire. J'ai toujours à cœur de partager ce que je ressens ou découvre, c'est pour ça que j'écris. Mais je peux comprendre aisément que lorsque l'on pense à ce que l'on va faire à dîner tout à l'heure, à organiser sa journée de demain pour récupérer à temps son fils ou son petit-fils à l'école et qu'il faut encore sortir le toutou, le sort de la banane Cavendish ou les protéodies de Sternheimer ne soient pas une priorité (sourire…).

Bruce Lipton et l'épigénétisme

Nous parlons beaucoup de mémoires, d'inconscient, dans de multiples thérapies. Quand nous avons des comportements particuliers, des tendances que l'on ne comprend pas, des ressentis qui ne semblent pas avoir d'explication logique, on peut penser que c'est génétique, si nous avons pu observer ce même comportement chez nos parents, par exemple. Il y a de fortes chances que vous ayez raison, mais ce n'est pas pour autant que vous êtes obligé de porter cela toute votre vie durant. Prendre conscience de quelque chose qui ne nous appartient pas permet de se libérer parfois.

Dans le livre de Frédéric Lenoir sur la vie et l'œuvre de Jung, j'ai relevé un passage qui introduit bien le prochain chapitre. J'ai envie de vous parler de ce que vous ne connaissez peut-être pas bien, même si vous en avez entendu parler : l'épigénétisme.

« Jung dit : "Reconnaître à quel degré inouï les âmes humaines sont différentes les unes des autres fut une des expériences les plus bouleversantes de ma vie. [...] Mais en dépit de toute notre conscience individuelle, elle ne s'en perpétue pas moins inébranlablement au sein de l'inconscient collectif, comparable à une mer sur laquelle la conscience du moi voguerait semblable à un bateau. C'est pourquoi rien du monde psychique originel n'a disparu. De même que notre corps conserve, dans de nombreux organes, les restes d'anciennes fonctions et d'anciens états, de même notre esprit porte toujours en lui les marques de l'évolution parcourue et répète parfois le passé lointain dans ses rêves." Les contenus de cet inconscient collectif nous sont parvenus à travers les mythes, les contes, les récits et les rites religieux anciens. Ils sont le fruit d'émotions puissantes. Joie, peur, angoisse, amour, ressentis par les premiers humains devant la puissance de la nature et le mystère de la vie et de la mort. »

Certains mécanismes comportementaux d'une époque ont pu être salvateurs, mais ont activé des gènes qui aujourd'hui ont laissé à notre insu une empreinte pour le moins perturbante, voire aliénante, mais, semble-t-il, réversible.

En moins de dix ans, la révolution épigénétique a bouleversé l'approche de la biologie : l'environnement où nous évoluons, les aliments que nous consommons, les comportements et croyances que nous adoptons, les relations affectives et sociales que nous tissons sont autant de facteurs qui modulent, réveillent ou bloquent l'activité de nos gènes. Autrement dit, la « dictature » des gènes n'existerait pas autant que nous le pensons. Si nous avons bien hérité des chromosomes de nos parents, cela ne représente plus la fatalité que nous imaginions. Ce que nos géniteurs nous ont légué, ce n'est pas une mélodie, mais un instrument – sur lequel nous pouvons jouer une infinité de musiques ! Des musiques qui peuvent perdurer, voire se transmettre, d'une génération à l'autre, ce qui prend à rebrousse-poil toute l'approche génétique née dans les années 1950. Contrairement aux mutations génétiques qui affectent la séquence d'ADN, les modifications épigénétiques sont réversibles. Un demi-siècle après la découverte de l'ADN, l'épigénétique révèle que nous avons la liberté de nous réinventer. Nul besoin de manipulations savantes ou « transhumanistes » : notre mode de vie compterait plus que notre hérédité. Nous pourrions apparemment « moduler l'expression des gènes en fonction de nos comportements quotidiens. Relire notre passé pour mieux ordonner le présent et s'approprier notre avenir »... Il y a de quoi méditer et s'interroger.

Un souvenir me revient pour illustrer ces propos : un jeune garçon souffrant d'obésité, qui ne pouvait réfréner une fringale permanente. Son besoin de manger était compulsif et inexplicable. C'est en remontant son histoire et son arbre généalogique que la réponse a été donnée. Sa grand-mère avait connu une terrible famine et avait dramatiquement souffert de la faim.

La pathologie venait en fait de la transmission épigénétique. La malnutrition des femmes enceintes avait modifié l'expression de certains gènes de leur fœtus, qui s'était également transmise à la génération suivante. Il mangeait en fait pour sa grand-mère.

Voir ses gènes comme une bombe à retardement et vivre dans la peur de l'explosion serait une erreur. D'après Bruce Lipton, « un seul gène ne peut pas être responsable d'une maladie », et les gènes ne seraient pas actifs tant que rien ne les déclenche. Les gènes hérités de nos parents ne seraient donc pas tous une fatalité. L'environnement, ainsi que la puissance de nos émotions, semble être la clé de notre évolution. Le comportement des parents serait aussi plus influent que les gènes eux-mêmes, et la nourriture de la mère, par exemple, capitale. 5 % seulement des cancers seraient dus aux gènes parentaux. Le vrai problème serait plus environnemental. Les cellules seraient modelées en fonction de l'endroit où elles vivent. C'est ce qui dicterait les variations du système immunitaire.

Vous avez sûrement entendu parler des cellules souches, ces cellules qui ont la faculté de se multiplier à l'infini et de s'adapter à l'environnement choisi, c'est-à-dire qui deviennent indifféremment cellules du foie, des os, de l'intestin, etc. Un espoir immense pour le futur de la science et pour nous.

Étonnant de lire aussi qu'il n'y a pas beaucoup plus de gènes pour l'humain que pour les souris ou les rats. C'est pour cela qu'ils sont le terrain de prédilection des chercheurs et des expériences. L'homme et la souris ont chacun environ 30 000 gènes. La souris ne possède que 300 gènes que l'homme n'a pas, et vice-versa. Le rat est encore plus proche de nous. À plus de 90 %, nous ne sommes pas si loin de nos petits amis rongeurs. Cette idée me fait sourire. C'est drôle non, de voir les choses comme ça ? L'image du rat nous fait frémir, c'est pourtant un petit être à l'intelligence remarquable, qui peut être un très fidèle et tendre compagnon. (Ne criez pas, mesdames…)

Notre destinée génétique. La communion du vivant

Les gênes se transmettent entre espèces différentes. Au cours de l'évolution, certains peuvent être échangés ou volés à d'autres espèces. Probablement à travers les virus ou les bactéries. Il n'est plus possible de définir avec certitude ce qu'est une espèce. Il n'y a pas de mur entre elles. Les organismes ont évolué pas seulement par reproduction, mais par transmission des gènes, qui sont la mémoire physique de l'expérience acquise par un organisme. La chercheuse Barbara McClintock a montré que certains fragments d'ADN appelés « transposons » pouvaient être activés et se déplacer d'une position sur un chromosome à une autre. La transposition serait un moyen rapide de répondre à un stress environnemental. La nature assure la survie de la biosphère par l'échange de gènes. D'où le danger du génie génétique et des apprentis sorciers qui introduisent les OGM sans en tenir compte. Il a été prouvé scientifiquement que lorsque les humains digèrent les aliments génétiquement modifiés, les gènes se transfèrent et modifient le caractère utile des bactéries de l'intestin. Et si certaines bactéries dépassent le périmètre de leur action, elles deviennent destructrices, d'où les maladies auto-immunes. On peut imager cette situation par une armée qui défend une ville, mais qui dans la violence de l'affrontement ruine le territoire.

Ce changement interne a entraîné une perte de la diversité microbienne et une moins bonne réponse immunitaire. Nous savons aujourd'hui que la majorité de nos défenses immunitaires sont là, dans ce deuxième cerveau. Le corps, en fait, ne peut survivre sans ses microbes. Nos sociétés soignées aux antibiotiques à outrance ont donné lieu à une explosion de diabète. Ce genre de traitement éradique tout. Bonnes et mauvaises bactéries, il ne fait pas la différence. À l'image de nos cellules nourries trop longtemps à tort et à travers d'antibiotiques, la terre non respectée s'éteint mille fois plus vite que sans la déforestation, la pollution et l'épuisement des ressources.

Beaucoup d'espèces sont menacées, beaucoup de cultures sont en danger, de façon inquiétante. Celle des peuples premiers en tête, pour favoriser la « culture » de certains qui est la course au profit. « Si nous ne parvenons pas à mettre en pratique les leçons de notre destinée génétique commune, c'est-à-dire la coopération entre toutes les espèces, nous menacerons l'existence humaine » (Bruce Lipton).

Il faut à tout prix s'éloigner de l'action individualiste et reconnaître l'importance de la communauté au sens le plus large qui soit. La communauté du vivant. C'est une prise de conscience indispensable. L'interaction entre les espèces s'avère plus importante que l'interaction entre les membres d'une même espèce. La mutation adaptative plus qu'héréditaire est semble-t-il celle qui est le plus à même de survivre. La Terre est un vaste organisme vivant en interaction perpétuelle. La solidarité coopérative est indispensable pour notre survie. Vivre en empathie avec ses semblables, comme avec d'autres espèces, représente un atout. S'en soucier est un avantage adaptatif et coévolutif, qui contribue à la survie de l'humanité. Tout dans cette vie et dans ce monde est interdépendance. L'être humain ne doit-il pas sa vie et sa santé à ces millions de bactéries et de virus qui depuis des millions d'années, évoluent et font partie de lui. Il est à lui seul une démonstration parfaite de l'interdépendance.

Conscience écologique et planétaire

On se demande comment des gens qui dirigent des compagnies comme Monsanto, Bayer ou Syngenta peuvent faire ce qu'ils font à la planète. Ce ne peut être aujourd'hui qu'en connaissance de cause, avec toutes les alertes qu'il peut y avoir de toutes parts des plus grands scientifiques. Mais de quelle nature sont-ils faits pour continuer ainsi à suicider la planète ? Ils ont bien des enfants, des petits-enfants ? Ne sont-ils donc pas concernés par leur avenir ? Nous nous posons ces questions en tant que personnes normalement, humainement constituées, mais, de toute évidence, ils ne sont pas comme le commun des mortels. Je ne parle pas d'intelligence, mais de conscience. À croire que cette dernière est pour eux facultative. Les serial killers n'ont certainement pas la conscience que nous avons. Et c'est ça la différence. Encore et toujours la conscience !

L'amenuisement des ressources terrestres est une réalité. On en parle, les prix flambent, mais on ne prend pas assez de mesures pour les protéger. Les peuples premiers vivent en communion avec la nature et respectent leur terre nourricière. Les pays « évolués » ponctionnent jusqu'à plus soif. La Terre a mis des millions d'années à accumuler, fabriquer tout ce que nous consommons aujourd'hui pour notre mode de vie. En cent ans nous avons épuisé la grande majorité de ses réserves. Et après ? On nous parle essentiellement de la pollution due aux voitures. Le fret maritime est une source de pollution plus grande, d'autant que certains ne respectent pas le minimum de mesures pour éviter de polluer les océans. Mais quel autre moyen d'acheminer notre « consommation » qui vient essentiellement de l'étranger, particulièrement de Chine ? 60 000 bateaux sillonnent les mers en permanence. Un chiffre qui laisse pantois. Que de manipulations avec cet indispensable carburant. D'abord il y a eu des primes sur le diesel, maintenant on le sanctionne, rendant invendable le véhicule de celui qui a investi il n'y a pas si longtemps. On passe au « tout électrique », mais comment fournirons-nous toute cette électricité ? Et comment les batteries seront-elles recyclées. ? Parlons-nous vraiment d'écologie quand on sait tout ce qu'implique la construction d'une voiture électrique et le recyclage des batteries ? Sans parler du pillage que nécessite l'acquisition du précieux lithium qui les compose majoritairement. J'ai plutôt l'impression que l'ambition de tout ça est de créer un nouveau marché, puisqu'il faut consommer et que rien n'est fait pour durer (sauf probablement la pratique de l'obsolescence programmée). Quelle sera la prochaine étape ? Le solaire est la meilleure solution pour l'instant, car les éoliennes sont un peu à mon sens une escroquerie écologique. Non seulement elles dénaturent un paysage, mais on sait bien que leurs nuisances sonores et vibratoires ne sont plus à prouver, tant sur les habitants que sur le monde animal environnant. Ce serait enfoncer une porte ouverte que de rappeler que lorsque le niveau vibratoire de l'organisme baisse, l'individu est plus enclin à développer des maladies. Devant la levée de boucliers, la décision a été prise d'en installer au large des côtes. Mais quelle sera leur influence sur la faune aquatique ? Il y a longtemps que le problème aurait dû être anticipé. Longtemps que l'argent aurait dû être investi pour les recherches sur l'hydrogène afin de généraliser ce combustible. Mais l'anticipation, qualité prétendument réservée au genre humain, ne semble pourtant pas être la préoccupation ou la logique de ceux qui nous gouvernent.

On pêche, on tue, souvent par ignorance. C'est valable pour tout. Le véritable « bug de l'an 2000 » a probablement été la mondialisation. C'est à nous de faire preuve de bon sens. Il n'y a pas d'autres solutions que de changer nos habitudes de nourriture et de vie si nous voulons encore offrir à nos petits-enfants une vie digne de ce nom. Et cela dépend de nous en priorité.

L'écologie est une véritable préoccupation pour beaucoup. Comment réensemencer nos sols tant appauvris par les excès de cette agriculture à outrance ? Des hommes comme Pierre Rabhi ont laissé un message essentiel dans les consciences et l'inspiration de ce dernier est présente dans de nombreuses associations. L'agroécologie est une science qu'il a transmise et la permaculture explose. Il faut privilégier les circuits courts. Arrêter de faire voyager les produits pour les reconditionner dans un autre pays avant de les faire revenir à leur point de départ, ce qui est un peu aberrant, vous en conviendrez. C'est la porte ouverte à des fraudes monstrueuses sur la manipulation des denrées. À un point dont nous n'avons même pas idée. La culture des tomates et autres fruits et légumes se fait de plus en plus « hors-sol ». Vu l'état de nos sols, c'est plus rassurant sans doute, mais contre nature malgré tout. La terre, l'eau, et la lumière… Ce que l'on mange est la matérialisation de tout ça. C'est magique quand on y pense. Non, on n'y pense pas. Mais on devrait.

« Une marque de soupe bien connue vous remercie d'avoir râlé pour que les choses changent. Ils sont contents car grâce à vous, leurs soupes se sont améliorées. » Ils auraient peut-être pu les améliorer avant que le consommateur ne râle, c'était aussi une solution. Ah ! les pubs et leurs trouvailles ! Ça me fait rire en fait. Il y a des pépites. Coluche à l'époque en avait fait un sketch. On peut dire qu'il y a matière.

Lorsque je vois par exemple un documentaire diffusé l'année dernière sur le riz basmati, je doute vraiment de plus en plus de ce que l'on fait avaler aux gens. Pourtant, en même temps qu'est dévoilé un monstrueux chantage fait aux fermiers indiens par les géants « spécialistes » de l'agriculture intensive, on découvre le travail d'une Vandana Shiva dont j'avais déjà parlé dans mon dernier livre. Les mesures qu'elle a mises en place pour permettre aux fermiers de travailler d'une façon naturelle et rentable pour eux sont le fruit de sa persévérance. Tout est possible quand un être pur et altruiste s'impose ainsi. Malheureusement, pour l'instant, la force de conviction du « ténébreux », bien que souvent mensongère, et les moyens mis en œuvre pour sa « campagne », sont plus puissants que celle du « lumineux ». Je veux croire qu'une autre roue est en marche, et que la majorité se ralliera enfin à ce panache.

Difficile de manger bio

Dans soixante ans, si nous poursuivons l'agriculture intensive telle qu'elle est pratiquée aujourd'hui, plus aucune parcelle ne sera cultivable. Manger bio aujourd'hui est moins difficile car on trouve ce label partout. Je me suis d'ailleurs demandé comment le bio avait pu arriver si vite en grande surface quand on sait le temps qu'il faut pour refaire un sol détruit par la culture intensive. J'ai fini par apprendre que les normes avaient été changées, donc que l'exigence était moindre. Gloups ! C'est comme ça que l'on ouvre le marché à ceux qui ne cultivent pas réellement bio. En France, je crois que la qualification bio coûte très cher, et beaucoup de paysans, qui pourtant cultivent dans ce sens, ne peuvent pas la payer. C'est alors l'agriculture raisonnée. Je ne pense pas qu'il y ait une si grande différence. L'important est de ne plus être, tant que faire se peut, dans l'industriel à prix cassé. Définitivement, il faudrait apprendre à manger moins. Différemment. Là aussi il y a une prise de conscience à avoir. Personnellement, j'adore la viande, mais mon sens éthique fait que je n'en mange quasiment plus. Et plus d'agneau ni de veau, sauf vraiment exception. Je ne prêche pas pour les végétariens à tout prix car il faut un juste milieu. Beaucoup ne s'imaginent pas un repas sans viande. Je n'activerai pas le levier de la culpabilité, mais un petit peu quand même quand on pense à l'élevage intensif et à la souffrance que finalement on met dans nos estomacs. D'autant qu'avec cette forme d'élevage, la viande que vous ingérez n'est pas celle qui vous amènera la santé mais plutôt des perturbations à plus ou moins longue échéance, au niveau artériel par exemple. Privilégiez le rare mais le bon. Manger de la viande deux fois par semaine suffit amplement. Toutefois, d'après certains livres qui traitent des groupes sanguins et de l'alimentation, il semblerait que consommer des protéines animales soit malgré tout nécessaire. Pour ceux du groupe O en l'occurrence. Ceux du groupe A en auraient beaucoup moins besoin. Bref, n'hésitez pas, quoi qu'il en soit, à consommer des protéines végétales, des lentilles par exemple. Savez-vous qu'il faut 100 litres d'eau pour un kilo de pommes de terre, 1 000 litres pour un kilo de blé, et que pour produire un kilo de viande de bœuf, il en faut 13 000 ?

Outre le fait que consommer de la viande me pose un problème éthique, il est évident que la diminution des ressources en eau entraînera dans le futur une nécessité de devenir végétarien. Commencez à vous entraîner à modifier votre alimentation, ce sera du temps de gagné pour vous et vos enfants, et certainement un mieux-être pour votre corps. D'ailleurs, une visite chez une nutritionniste devrait être un passage obligé pour chacun. Peu d'entre nous finalement savent ce qui est bon pour eux aux différents repas, aux différentes heures de la journée, en fonction de leur morphologie, groupe sanguin, rythme de vie, etc. L'explication de certaines prises de poids intempestives, une mauvaise digestion, etc., beaucoup de petits et grands tracas, pourraient être évités par cette prise de conscience de ce qui est bon pour notre organisme et ce qui ne l'est pas. Parce qu'encore une fois nous sommes tous différents et ce qui est salutaire pour l'un ne l'est pas forcément pour l'autre.

La responsabilité

Nos fondations sont fragiles et démontables. En bref, nous sommes en kit. C'est finalement mieux pour se reconstruire autrement. Mais avoir confiance en qui, en quoi, si l'on attend cela de l'extérieur ? D'où l'importance là encore d'être fort en soi et avec soi. On ne va pas vers un monde meilleur pour l'homme, pour l'humain. OK, c'est acté. Mais plutôt que de rentrer dans le lot des « complotistes » impuissants, il faut tenter de notre mieux d'accompagner en conscience cette évolution contre laquelle malheureusement nous ne pouvons pas grand-chose. Nous avons le pouvoir infini de la transformation intérieure. Du changement sociétal. Il est vain de vouloir transformer les structures si on ne transforme pas d'abord le cœur de l'homme.

« *L'esprit cherche, mais c'est le cœur qui trouve.* »
(Georges Sand)

Continuer à vivre comme nous le faisons depuis longtemps n'est plus possible. Ce n'est certes pas en augmentant la production telle qu'elle est pratiquée, qui détruira encore plus la qualité de nos sols et de ce qui y pousse, ni en augmentant les massacres d'animaux que nous aurons la bonne solution. Ce n'est pas à la Terre de venir à nous, mais à nous d'aller vers la Terre pour la préserver, préserver ses ressources ainsi que les formes de vie qu'elle abrite. On pourrait créer plus d'écoles de la nature. Car on respecte plus ce que l'on connaît.

Tout est question d'habitude et de détermination. Il faut à un moment décider de prendre les choses en main. Les habitudes se perdent beaucoup plus vite qu'on ne le pense. Beaucoup par exemple n'imaginaient pas pouvoir vivre loin de Paris et, depuis qu'ils ont découvert une autre vie, n'envisagent plus une seconde d'y retourner. Il en sera de même pour votre façon de vous alimenter. Et ça n'empêchera pas quelques petits écarts de pur plaisir de temps en temps. Les femmes sont beaucoup plus vigilantes dans ce domaine que les hommes. Pardon messieurs, mais d'une façon générale les femmes sont plus admirables par leur curiosité et par leur courage.

Les femmes

Si je n'ai plus confiance dans les gouvernements, plus tellement dans les informations diffusées par les grands médias, je crois encore en l'humain conscient. Sous toutes les latitudes. Dans toutes les cultures. Malgré tout. Cette conviction passe plus par les femmes. Pierre Rabhi disait : « L'asservissement de l'homme par l'homme et de la femme par l'homme a toujours été une sorte de fatalité conférant sa laideur à l'histoire humaine. La subordination du féminin à un monde masculin outrancier et violent demeure l'un des grands freins à l'évolution positive du genre humain. » Comment est-il possible de voir la manière dont les femmes sont traitées dans certains pays sans réagir ?

Aujourd'hui je salue avec le plus grand respect et la plus profonde admiration les femmes qui osent se dresser contre des traditions abusives inacceptables et offensantes. C'est leur vie qu'elles mettent en péril pour porter la voix de leur révolte. Je ne suis pas sûre que tout le monde en ait conscience.

Le féminin, l'essence féminine, qui n'est pas réservé qu'aux femmes d'ailleurs, développe une autre sensibilité, une autre approche, un autre courage, une autre exigence. Leur curiosité est différente, comme leur engagement dans l'amour. Les femmes, porteuses du futur, sont plus enclines à protéger la vie qu'à la détruire. Dans les enseignements où je suis allée, j'ai toujours vu une grande majorité de femmes. Elles sont très présentes dans le domaine du bien-être et de l'aide à l'autre. C'est une constatation. Grand Corps Malade a écrit une magnifique chanson sur les femmes : *Mesdames*, qui se termine par : « Veuillez accepter mesdames cette réelle admiration de votre force, votre courage et votre détermination. » On n'a pas pu passer à côté tant elle a été diffusée sur les ondes. Merci à lui d'avoir posé ces mots avec talent, intelligence, et une telle bienveillance. Je n'ai pas souvenir d'un si bel hommage à la femme. À part peut-être Jean Ferrat pour qui « la femme est l'avenir de l'homme ». C'est d'ailleurs bien une femme que j'ai rencontrée il y a maintenant des années, Jetsun Pema, sœur cadette du dalaï-lama, qui a été chargée de l'éducation de milliers d'enfants tibétains exilés dans les années 1960 et qui a fait ce travail merveilleux avec les Tibetan Children Village (TCV). C'est définitivement une rencontre et une amitié qui auront marqué ma vie de façon indélébile. Elle est pour moi l'image même de l'essence féminine, de l'intelligence, de la simplicité, de la bienveillance absolue et de la générosité protectrice.

Le dalaï-lama et la rumeur aveugle

Le dalaï-lama a également dit que la paix sera portée par les artistes et les femmes. Si je parle du dalaï-lama, c'est aussi parce que j'aimerais partager avec vous les propos d'Arnaud Riou au moment où « une cabale » contre le dalaï-lama a fait grand bruit dans les médias et les réseaux sociaux. Ce texte résume bien le comportement humain et le « phénomène de meute » auquel nous pouvons assister parfois. Il illustre tout le danger des réseaux sociaux comme de certains médias qui n'hésitent pas à s'emparer du moindre « scandale » pour faire le buzz avant même d'avoir approfondi leur connaissance du sujet.

« Une vidéo était devenue virale. On y voyait Sa Sainteté le dalaï-lama demander à un enfant de “sucer sa langue”. Immédiatement, le chef spirituel du Tibet, hier personnalité préférée des Français, devenait aux yeux de beaucoup de journalistes et d'observateurs sans nuances, “un pervers, un sénile, un abuseur d'enfants”. Chacun commentant une image dont on ne sait souvent rien du contexte culturel. C'est ainsi, car il est tellement plus facile de faire courir des rumeurs, de condamner plutôt que de chercher à comprendre, à prendre de la hauteur, à contextualiser, à développer notre discernement.

« Puissions-nous chacun, en toute circonstance, nous méfier des jugements hâtifs, des condamnations à l'emporte-pièce qui deviennent tellement toxiques et virales à l'ère des réseaux sociaux. Est-ce cette situation qui nous choque ou ce que nous imaginons d'elle ? On ne sait jamais rien de l'intention qui anime un être. Un événement peut sembler anodin alors que l'intention est mal intentionnée, comme un événement peut sembler choquant alors qu'aucune intention malsaine ne le porte. Ainsi, par exemple, dans la culture tibétaine il est de coutume pour les grands-parents d'embrasser les petits-enfants sur la bouche, et de leur donner un bonbon directement de bouche à bouche, comme marque d'affection. Ce n'est peut-être pas dans la norme dans de nombreuses cultures, mais c'est assez commun au Tibet. Après avoir donné un bonbon, on dit aux petits cette phrase qu'a prononcée Sa Sainteté le dalaï-lama : “che lé sa”, qui se traduit en tibétain par : Je t'ai donné tout mon amour et des bonbons et maintenant “tu n'as plus que ma langue à manger”. C’est cette expression qu’a employée le dalaï-lama. C’est une expression que les Tibétains connaissent bien, notamment dans l’Amdo où il est d’usage de se tirer la langue en guise de Bonjour. »

Tout est dit. Il n’y a là aucune allusion sexuelle. Voilà un bel exemple de manipulation. Est-il précisé que cet apparent « scandale » a eu lieu devant des milliers de personnes présentes ce jour-là ? Que le petit garçon est venu demander en bénédiction un *hug* à Sa Sainteté, que la mère était juste à côté et le grand-père au premier rang ? Non bien sûr. Parce que le but de cette vidéo n’était pas d’être objective, mais de salir ce saint homme qui fête ses 87 ans, dont j’imagine juste la douleur devant cet absurde et dramatique lynchage médiatique.

Pour savoir tout ce qu’a fait le dalaï-lama en faveur des enfants tibétains dans le domaine de l’éducation, le souci que cet homme a toujours eu de son peuple depuis l’exil, pour connaître sa pureté d’âme, je ne peux qu’être infiniment triste de ce que j’ai entendu à son sujet.

Personne ne défilera dans les rues en brandissant le drapeau français et la photo d’Emmanuel Macron si les médias s’en prennent à la réputation de notre président, mais dans le cas du dalaï-lama, qui est le symbole identitaire d’un pays rayé de la carte, c’est tout un peuple que l’on offense.

Aujourd'hui, le dalaï-lama ne parcourt plus le monde pour que la bienveillance et la conscience des Occidentaux se tournent vers le sort de son peuple. Pourtant l'occupation et la surveillance continuent, les immolations dont on ne parle pas existent toujours...

Les Tibétains retrouveront-ils un jour leur autonomie, le simple droit de pratiquer leur religion et de se déplacer comme ils le souhaitent ? Je l'espère du fond de mon cœur. Pour connaître un certain nombre de Tibétains réfugiés en France, je suis toujours admirative de combien ce peuple reste attaché à sa culture au-delà des frontières et des décennies. Tous les enfants connaissent les chansons et les danses de leurs villages. L'inspiration générée par la présence du dalaï-lama et sa force de conviction n'y sont pas étrangères bien sûr, et l'on se pose forcément la question de l'après. Qu'en sera-t-il lorsqu'il quittera ce monde ? Personne ne le sait et tous redoutent ce moment. Pour bien connaître le système et le niveau d'éducation des enfants élevés dans les TCV, je ne peux que déplorer que les jeunes qui se réfugient en France soient obligés de mentir sur leurs connaissances pour avoir leurs papiers. Tous disent arriver du Tibet, même s'ils ont fait leur scolarité en Inde. Alors que leur niveau est plus élevé que celui de nos jeunes, ils se retrouvent systématiquement à travailler dans les restaurants chinois comme serveurs ou plongeurs. C'est triste. Comment changer cela ? J'imagine qu'il en est de même pour tous les réfugiés. Seuls peut-être les médecins ont une chance de retrouver un emploi dans leurs compétences, vu le manque de médecins généralistes qu'il y a en France. Je dis ça parce que ça me semble logique, mais je n'en sais rien.

Guerre en Ukraine

24 février 2022. La Russie bombarde l'Ukraine. Des civils en sont les premières victimes. La population s'exile dans tous les pays les plus proches pour tenter d'échapper à l'horreur de la guerre. Après celle fratricide qui a sévi dans le Donbass pendant dix ans, toute l'Ukraine est aujourd'hui touchée. Des enfants, des personnes âgées, des plus jeunes, vivent sous terre depuis des mois, traqués sous les tirs d'obus et les bombes. La question de l'Ukraine est loin d'être simple. Aujourd'hui encore, à l'heure où j'écris ces lignes, nous ne savons pas quelle sera l'issue de cette guerre. La géopolitique a donné beaucoup de réponses aux différentes guerres qui ont marqué l'histoire du monde. Malheureusement, quelles que soient les raisons, les gouvernements décident, et ce sont toujours les peuples qui paient, souffrent et pleurent leurs morts.

Il y a d'autres endroits du monde où les horreurs se perpétuent et dont personne ne parle aux infos. Pour ne citer que la Birmanie. Entendez-vous parler aux informations des atrocités qui se passent là-bas ? Tout un peuple est persécuté par la junte militaire avec la bénédiction de la Chine et l'apparente indifférence de l'Occident. Ce peuple magnifique se bat avec un courage incroyable, jusque-là pacifiquement à renfort de solidarité et de stratagèmes. Mais qui les soutient ? Avec mon association Graines d'Avenir, nous aidons un village depuis quelques années. Nous avons reçu des photos… De ces hommes que nous avions vus rire avec leurs enfants, qui ne sont plus. Morts sous la torture. Leur village a été bombardé. Un tiers des maisons détruites ainsi qu'une grande partie du bétail, des habitants obligés de se cacher dans la forêt…

Le monde est en guerre. Nous sommes tous concernés par une violence de plus en plus présente sur la planète, dans notre société où la misère est grandissante. Il devient de plus en plus difficile de ne pas être atteint par tout ça.

La peur

Je déplorais dans mon dernier livre le grignotage de nos libertés quotidiennes et de nos petits plaisirs. Comment imaginer ce qui allait suivre si peu de temps après ? Personne ne le pouvait. Nous vivons une grande démonstration de l'impermanence. Qui aurait cru que le monde et nos vies allaient basculer ainsi en l'espace de quelques jours ? Il y a longtemps, lors d'un voyage en Guadeloupe, j'avais vu un écriteau qui m'avait fait sourire. « Travaux définitivement provisoires. » Il résonne aujourd'hui comme un message prémonitoire. Et ne me fait pas sourire.

Je parlais plus haut des émotions négatives. Parmi celles qui sclérosent une vie, je pense que celle de **la peur** est l'un des pires poisons. Elle s'ancre dans l'ignorance. La peur est un frein à la dimension que peut prendre notre vie. Elle varie selon la connaissance, l'identification que l'on a d'elle et la façon de la gérer. Là encore la nature est salutaire. Je pense que l'on a moins peur quand on est lié à son environnement. La communauté et la nature me semblent être une grande réponse à la peur. Nous sommes quoi qu'on en dise dans une société où la solitude est très présente. Une société où l'individualité a été encouragée. Pourtant, au plus fort de la crise sanitaire, on a pu voir de formidables initiatives solidaires. Dans la situation extrême où nous nous sommes retrouvés, le meilleur comme le pire a surgi, et malheureusement des comportements agressifs, parfois haineux, comparables à ceux qui ont existé en temps de guerre, ont vu le jour.

À moins de couper la télévision, il était difficile de résister à l'angoisse. Il y a plusieurs façons d'aborder tout problème, mais la peur s'est emparée de tout un peuple, face à une épidémie inédite, sous des injonctions sanitaires contre lesquelles il n'y avait pas grand-chose à faire. Même certains médecins et soignants s'opposant à la vaccination systématique sont passés du rôle de héros à celui de paria, on leur a interdit d'exercer même si cela ne semblait pas très cohérent, alors que nous manquions de lits et de bras. Les nouvelles tombaient les unes derrière les autres. On découvrait les nouvelles lois au matin, qui avaient été pondues dans la nuit. Fraîches mais souvent difficiles à digérer…

Dans notre pays qui met en avant ses valeurs démocratiques, j'ai vraiment eu le sentiment qu'il n'y avait de place ni pour la contradiction, ni pour un réel échange d'opinions. Il n'y avait pas de certitudes, il n'y en a toujours pas, mais pourtant un seul message à entendre. Ceux qui avaient une autre approche étaient traités de complotistes et de mauvais citoyens totalement irresponsables. N'est-ce pas un peu exagéré ? Il y a la voie du milieu, c'est toujours celle que j'ai privilégiée. Les infos contre infos ont fini par nous rendre fous et flous et nous faire perdre notre bon sens. Comment ne pas regretter que certains mots établis soient passés dans la normalité. Comme « gestes barrières » ou « distanciation sociale ». Le plus triste est que ces fameux gestes sauveurs ont incité les gens à avoir peur les uns des autres. Les « pour » et les « contre » s'insultaient, se méprisaient, parfois se séparaient. C'est terrible et infiniment triste. Le respect ne doit pas être mis de côté. Les divergences peuvent exister quel que soit le sujet, grave ou pas. Chacun a le droit d'avoir son ressenti, son point de vue, ses convictions. Entendre deux sons de cloche permet toujours de se faire une meilleure opinion. Se poser des questions était légitime, à moins d'être lobotomisé.

Chacun a sa vérité

Une vérité, plusieurs chemins. Sous des lumières différentes. Surtout à la lumière d'objectifs différents. Arnaud Riou (encore lui) est chamane, il a une très belle approche de tout ça.

« Suivre ceux qui cherchent la vérité mais fuir ceux qui disent l'avoir trouvée. Car dès qu'elle sort du terreau de ses doutes, la vérité se rigidifie et devient un concept, un dogme, une théorie. Ce qui est logique, évident, raisonnable, normal et cohérent pour l'un apparaît comme délirant, dangereusement offensif et irresponsable pour l'autre. Pourtant chacun se croit aligné dans sa vérité. Dans les laboratoires, les biologistes se dépassent pour inventer de nouvelles molécules et trouver un vaccin, ils sont à leur place, dans leur vérité. Les patrons de ces firmes imaginent tous les moyens pour augmenter leur chiffre d'affaires et leur marge. Ils suivent leur vérité économique. Les actionnaires espèrent recevoir des dividendes, c'est bien pour ça qu'ils sont là. Les opposants à la vaccination s'opposent à tout ça, ils ont aussi leurs convictions et leur vérité. Chacun ne fait que suivre sa propre nature, sa carte du monde, ses opinions, ses certitudes, sa cohérence et tente tant bien que mal de les conjuguer avec celles du monde dans lequel il vit. »

Cette crise sanitaire a forcé les gens à rester chez eux et à trouver des occupations. Je pense que pour certains elle a été salutaire. Redécouvrir un rythme de vie plus normal, prendre du temps avec sa famille, réaménager la maison, le jardin, faire une formation en vue d'avoir un travail qui lui correspond mieux. Plus adapté à ses envies, à ses objectifs. À ses capacités.

Élargir les perspectives, prendre le temps de s'occuper de soi, de méditer. Beaucoup ont décidé de changer de lieu de vie, d'aller vers la campagne. Ce n'est sûrement pas moi qui leur donnerai tort. Malheureusement, pour beaucoup, ce confinement a sonné le glas de leur entreprise alors qu'Amazon et compagnie remplissaient l'orchestre comme jamais. Les achats par Internet ont explosé et les petits commerçants ont sombré. Sous perfusion gouvernementale un certain temps, qu'en sera-t-il lorsque ça s'arrêtera ? Dans les secteurs fragilisés, les licenciements vont en s'accélérant et personne ne peut prévoir l'avenir. En bref, nous n'avons plus ni repères ni perspectives. Personne n'ose se projeter. Ou si peu. Il faut pourtant empêcher le cœur de s'éteindre. Le futur doit rester un champ des possibles, non une terre étrangère dominée par la peur de l'inconnu. Si l'évolution de ce monde me laisse parfois un goût amer dans le cœur, en revanche développer aujourd'hui plus que jamais notre spiritualité est un but qui me séduit, me rassure, me réconforte. Car c'est bien le plus beau défi. Se faire un monde intérieur qui nous permette de transformer l'extérieur.

Savants et chercheurs malmenés

Le respect, je le répète, est pour moi le mot-clé de la cohabitation. Je ne peux que regretter la façon dont ont été traités certains grands chercheurs et médecins reconnus mondialement, pour ne citer que Christian Perronne, Didier Raoult, un des plus grands épidémiologistes mondiaux que l'on a traité en gros de charlatan, ou Luc Montagnier, prix Nobel dont on ne peut ignorer la carrière. Le covid n'était pas soi-disant la « spécialité » de ce dernier (mais de qui l'était-elle ?) ; pourtant, il s'intéressait de très près aux effets secondaires auprès des familles qui en étaient victimes. Et j'ai du mal à croire que lorsqu'il prenait la parole c'était pour dire n'importe quoi. Personnellement je l'écoutais chaque fois qu'une vidéo nous parvenait. Bien que n'étant pas médecin moi-même, je trouvais tant de logique dans ses explications que je restais souvent perplexe devant la façon de gérer cette pandémie… D'autres médecins ont occupé le devant de la scène avec moins de compétences, mais plus de certitudes et d'affirmations. Depuis qu'il avait repris les recherches de Jacques Benveniste sur la mémoire de l'eau, nombreux sont ceux qui parlaient de sénilité en évoquant l'âge avancé de celui qui avait reçu le prix Nobel. Les mêmes qui l'avaient encensé avant qu'« il ne sorte du droit chemin ». Moi, je crois sincèrement qu'un jour on reconnaîtra l'importance de ses derniers travaux. Et de ceux de Jacques Benveniste. Malheureusement à titre posthume.

Les grandes découvertes ne sont pas toujours faites par des gens « du milieu », mais parfois par des esprits libres qui évoluent en marge et qui mènent des recherches de leur côté. En cherchant autre chose.

Presque par erreur. Souvent, une molécule destinée à traiter une pathologie s'est avérée par hasard efficace sur une autre. Alors je crois qu'il faut toujours rester humble devant la science et la découverte, et ne pas brandir de certitudes absolues. Le devoir fondamental d'un scientifique n'est-il pas de chercher, et de douter ? Krishnamurti, encore lui, était convaincu que l'on cesse d'approcher la vérité dès lors que l'on suit le chemin tracé par les autres. Croire que l'on détient la vérité, c'est s'éloigner de sa route et de son mouvement, car la vérité est toujours dans le mouvement. Tant de données factuelles, reconnues et adoptées il y a cinquante ans par la communauté scientifique, se sont révélées obsolètes aujourd'hui. Tant de vérités d'aujourd'hui apparaîtront demain comme des hérésies. La science n'est pas un processus linéaire.

L'avenir lèvera peut-être le voile sur tout ça.

Je ne suis pas une « antivax ». J'ai beaucoup voyagé pour les tournages dans le monde et particulièrement dans des endroits à risque. J'ai fait les vaccins sans hésiter. Avant mon départ pour le Niger par exemple, il y avait urgence et j'en avais fait six ou sept très rapprochés qui ont été un peu difficiles à gérer pour mon organisme malgré tout. Mais quand j'écoutais d'autres médecins, spécialistes mondialement reconnus, parler de leur méfiance quant aux répercussions et effets secondaires multiples du vaccin contre le Covid 19, je n'y voyais rien d'encourageant et de rassurant. George Orwell parle de ce qu'il y a derrière la façon de présenter les événements. Selon lui, le langage politique, la fameuse langue de bois, a pour fonction « de rendre le mensonge crédible et le meurtre respectable, et de donner à ce qui n'est que du vent une apparence de consistance ». En manipulant la langue, on manipule la pensée.

J'ai l'impression qu'un rouleau compresseur est en route, dont on ne sait quand il s'arrêtera. Bien trop puissant pour qu'on lui fasse obstacle. Personnellement, je n'ai jamais été partisane de la politique de l'autruche. J'aime savoir, même si je ne peux rien faire devant une loi ou une forme de dictature quelconque. Selon la célèbre phrase de Marc Aurèle que j'ai toujours à l'esprit :

« Que la force me soit donnée de supporter ce qui ne peut être changé, et le courage de changer ce qui peut l'être. Mais aussi la sagesse de distinguer l'une de l'autre. »

Les effets de la crise sanitaire, les enfants, nos anciens

On a enlevé à l'homme pendant de longs mois tout ce dont il a besoin pour son équilibre. Se réunir, échanger, parler, s'amuser… et le comportement général a changé. Même une fois les interdictions levées. Aujourd'hui, alors que le port du masque n'est plus une obligation depuis longtemps, certains le gardent.

Même parfois seuls dans leur voiture. Comme attachés à un doudou qui les rassure. Ils étaient nombreux à le faire même une fois le pic de la crise passé. La population a été conditionnée à avoir peur ! La peur fausse le jugement, empêche souvent l'objectivité, la réflexion. Cela a toujours été. Mais pour le coup, l'atmosphère si stressante dans laquelle évolue tant bien que mal l'humanité est devenue irrespirable. Ce confinement a eu des effets désastreux à tant d'égards. Nos anciens ont dû parfois quitter ce monde sans pouvoir dire adieu à ceux qui étaient toute leur vie : leurs enfants. Et réciproquement, les enfants n'ont pas pu serrer une dernière fois dans leurs bras leurs parents. Le deuil est déjà terrible, mais le vivre dans ces conditions est carrément insupportable. Encore plus violent et plus dur à accepter. La solitude a entraîné le désespoir, des suicides comme jamais chez les jeunes, et on constate un retard d'évolution chez les enfants que l'on a privés des expressions des visages, du sourire et des mouvements des lèvres. Je me demanderai toujours si c'était la meilleure chose à faire. Rien n'a été initié pour amener un débat constructif, démocratique, et c'est bien regrettable. De toute façon, bientôt la majorité des habitants de la planète auront été vaccinés. Covid, variant omicron, variole du singe qui a défrayé la chronique, pour disparaître aussi vite. À quand la prochaine ?

Quand je vous dis qu'il vaut mieux lâcher prise… C'est la meilleure solution. Le stress que pourraient nous amener des révélations futures ne changera malheureusement rien. Le mal est fait. La seule chose positive que nous pouvons faire dans cette période troublée et difficile à vivre à pas mal d'égards, et qui ne semble pas aller en direction d'un paradis autre que virtuel, c'est arrêter de se déchirer entre le pour et le contre... car chacun, selon ses idées ou ses obligations, pense avoir fait de son mieux. Il est d'autant plus important aujourd'hui de se tenir la main et de rester solidaires. Ce sera le meilleur des refuges.

Prendre de la distance

Le mot de l'année 2016 était « post-vérité ». Élu par le dictionnaire Oxford, qui en donne cette définition : « Qui fait référence à des circonstances dans lesquelles les faits objectifs ont moins d'influence pour modeler l'opinion publique que les appels aux émotions et aux opinions personnelles. » À partir du moment où des informations sont susceptibles de susciter la controverse, donc d'accroître l'audimat et les tirages papier en faisant appel à l'émotion ou à l'indignation, les médias, toujours en quête de buzz, s'en emparent. Ils jouent parfois un drôle de jeu. Il suffit parfois d'un documentaire ou d'une information diffusés au bon moment pour inverser une opinion ou même une intention de vote. Les sondages d'opinion montrent que les individus retiennent généralement mieux les événements dramatiques. Peut-être parce qu'au tréfonds de soi, la peur est un moteur de survie, je ne sais pas. Mais poussé à l'extrême, cet appétit inconscient pour les mauvaises nouvelles et l'angoisse qu'elles génèrent pourrait nous paralyser, limiter nos actions, nous faire voir le monde en noir, bref, nous donner l'impression décourageante de ne plus maîtriser notre destin. Pour ma part, j'ai choisi de ne plus regarder les infos. Les résumés me suffisent. Et je me promène un peu sur différents sites Internet pour me faire une idée un peu plus objective, en tout cas plus personnelle. Les médias sont puissants et trop souvent orientés. Heureusement, quelques-uns sont sortis du lot et ont donné la parole à tout le monde. Ils nous permettent au moins de réfléchir.

Si le confinement a eu un effet positif, c'est bien de nous montrer que l'on peut vivre autrement. Il ne faut pas oublier le meilleur enseignement que l'on ait pu retirer de cette expérience. Vivre des aventures humaines, des défis qui font grandir, c'est la perspective qu'il faut garder au cœur. S'inspirer des anciens et se programmer pour vivre plus simplement, avec moins de confort peut-être, dans une vie plus communautaire, éventuellement plus rassurante, voire plus joyeuse. Ce que Pierre Rabhi appelait « la sobriété heureuse ». La nature enseigne le courage, la patience et l'opiniâtreté. On dit que la mode est un éternel recommencement. Et si la vie était un éternel recommencement ? Profitons de ce basculement des consciences pour avancer ensemble, en mettant de côté cet individualisme forcené. L'homme, quoi qu'on en dise, n'est pas fait pour vivre ainsi. Vivre heureux et serein dans le contexte actuel est quasi impossible tant il est profondément contre nature.

Selon mon sentiment, il y aura deux mondes. Celui des dissidents, qui auront choisi de vivre en conscience, et celui de ceux qui auront suivi le courant où la vie moderne et « le progrès » les auront entraînés. Par choix ou par nécessité. Le développement de la conscience, c'est aussi la conscience globale. Maintenant, je vous pose une question : préférez-vous être un homme supérieur dans un monde ordinaire, ou un homme ordinaire dans un monde supérieur ? À méditer.

« Le mental intuitif est un don sacré,
le mental rationnel un serviteur fidèle.
Nous avons créé une société qui honore
le serviteur et qui a oublié ce don. »
(Albert Einstein)

Le pouvoir de la fiction

Alan Turing, Ramanujan, apprendre par le cinéma

Le cinéma m'a toujours fait rêver, et c'est ce que j'attends de lui. Qu'il m'inspire et stimule mon imaginaire.

Dans le film *Premier Contact*, les extraterrestres qui ont débarqué sur Terre ont une langue que deux savants cherchent à décrypter. Le résultat de leurs recherches est que cette langue est un langage par déduction, où le mental et la connaissance n'interviennent pas. Ce n'est pas de l'intuition. Nous ne sommes pas ici sur une langue linéaire. On ne passe pas par un mot, une phrase, qui deviennent un message. Les informations visuelles envoient directement un message. Un peu comme les idéogrammes chinois. Si vous ne connaissez pas la langue mais simplement les clés principales, vous pouvez parvenir à en comprendre le sens, même approximativement. Malheureusement, la fin est triste car souvent l'homme préfère détruire ce qu'il ne comprend pas.

Des films, des documentaires sortent aujourd'hui et montrent une autre réalité que celle sur laquelle est basée notre connaissance de l'histoire.

Avez-vous vu le film *Imitation Game* ? Le cinéma est une belle façon de découvrir des personnages hors du commun, qui sont pourtant des héros mais dont on n'apprend pas forcément l'existence à l'école. Dans un cours d'histoire, il est incroyable de ne pas parler en l'occurrence d'Alan Turing. Il fut un maillon essentiel de la victoire lors de la Deuxième Guerre mondiale. Alors qu'il est représenté sous les traits du formidable acteur Benedict Cumberbatch, on découvre les travaux et l'acharnement d'un chercheur et de son équipe qui finalement parviennent à décoder la machine infernale par laquelle passaient tous les messages des armées allemandes : Enigma. Selon plusieurs historiens, ses travaux furent déterminants et permirent de raccourcir la guerre de deux ans. Malheureusement, un fait divers lié à son homosexualité lui valut des poursuites judiciaires, et il finit par choisir la castration chimique. Turing fut retrouvé mort dans la chambre de sa maison à Wilmslow par empoisonnement au cyanure le 7 juin 1954. La reine Elizabeth II l'a reconnu comme héros de guerre et l'a gracié à titre posthume en 2013. Cet homme aurait dû être érigé en héros à la fin de la guerre. Ce film est magnifique.

The Man Who Knew Infinity (*L'homme qui défiait l'infini*). Si des hommes comme Alan Turing et d'autres ont sans aucun doute mérité leurs statues au fil de leurs découvertes, Srinivasa Ramanujan ne la mériterait pas moins. Il appartient à la catégorie du génie pur, incompréhensible, vertigineux. Ramanujan, qui vécut à l'aube du XXe siècle, a été surnommé « le Rimbaud des mathématiques ».

Mathématicien indien autodidacte, hindou orthodoxe, il trouvait les solutions aux problèmes parfois en rêve, le plus souvent par intuition quasi divine, une révélation soudaine, inattendue, qui surgissait et qu'il compilait dans des carnets. L'histoire de cet immense mathématicien est tout simplement incroyable. Je vous engage à regarder le film de sa vie, qui est un petit bijou. Son parcours est insensé. Issu d'une famille si pauvre en Inde, que rien malgré son génie ne semblait possible. Il fallut une détermination, une volonté incroyable et une rencontre décisive : Hardy, homme de sciences britannique, érudit et cartésien jusqu'au bout des ongles, fut celui qui perçut « l'exception » de Ramanujan, et permit contre l'avis de tous son entrée à la prestigieuse université si fermée et élitiste de Cambridge. Ramanujan, durant ses cinq années passées à Cambridge, qui se terminèrent si tristement, se contenta de fournir à Hardy des équations terminées avec la certitude de leur justesse sans jamais apporter de démonstration. À Cambridge, il répétait souvent qu'« une équation n'a de sens que si elle exprime la réflexion de Dieu ». C'est la communication avec l'univers, la nature, qui lui apportait les équations qu'aucun mathématicien n'avait pu résoudre avant lui. Autodidacte, échappant à toute catégorisation, il est encore aujourd'hui considéré par ses pairs comme un merveilleux et éphémère accident, qui interroge profondément sur le rapport entre science et métaphysique et ébranle toutes les certitudes. Il fallut l'intelligence et l'humanité d'un Hardy pour forcer les portes de Cambridge et offrir au monde le génie de Ramanujan. Il y a un siècle de cela. Mais le rejet de l'exception ou de la différence n'est-il pas toujours présent ? Ce n'est malheureusement qu'à titre posthume que le génie de Ramanujan fut reconnu. C'est, hélas !, trop souvent le cas. Le génie est mal vu, mal reçu, car sortant totalement du moule des paradigmes d'une époque. Il est donc plus facile de l'exclure que de remettre en cause les bases sur lesquelles est construite une connaissance. Que d'erreurs, d'injustices, ont eu lieu à cause de cette posture. La science ne cesse de progresser, d'avancer, bien que les exemples ne manquent pas de ceux qui furent bannis, exclus et dont on reconnaît aujourd'hui qu'ils avaient raison. Parce qu'il faut prouver. Démontrer. Le résultat ne suffit pas parce qu'il peut être aléatoire. (Comme s'il y avait des certitudes absolues dans la médecine…) Et puis on nous présente bien la météo tous les soirs, on s'y réfère pour adapter notre emploi du temps et notre habillement, pourtant elle est aléatoire.

Les films que l'on peut voir aujourd'hui ébranlent notre connaissance de l'histoire. *Pentagone Papers*. Passionnant. Robert McNamara (ancien secrétaire à la Défense) et les dessous de la guerre du Vietnam. Les journaux condamnés ont finalement eu gain de cause. La presse était-elle plus libre à l'époque qu'aujourd'hui, où quelques grands groupes tiennent toute l'info et ont le pouvoir de l'influencer ? La concentration dans le monde des médias menace par définition la diversité des opinions. Pressions et procès pèsent bien souvent lourd sur les épaules des résistants. Ce constat ne peut qu'inquiéter.

Le cinéma d'animation

Le cinéma d'animation, qui se développe de plus en plus, rencontre un véritable succès. Il n'est plus seulement destiné à éblouir et faire rêver les enfants, mais à faire réfléchir aussi les adultes. Il y a des choses, des états que l'on ne peut pas montrer avec de vraies personnes mais que l'on peut montrer en dessin animé. Vraiment, il y a de petits chefs-d'œuvre dans ce domaine, qui illustrent et éclairent des situations comme aucun cinéma classique ne le pourrait. Dans la série des must, il y a *Vice-versa*. Si vous ne l'avez pas vu, dépêchez-vous de le faire. Il nous fait joliment prendre conscience du fonctionnement de nos émotions. De ce que l'on a laissé s'éteindre dans notre cœur et du vide qui a pris la place. Et surtout, comment nous pouvons le reconstruire. Bref, il nous remplit de joie. *Soul* aussi, tellement joli. Spirituel sans en avoir l'air. L'impermanence… Tout est fragile mais se reconstruit, tout est instable mais finit par se stabiliser d'une façon ou d'une autre, en prenant parfois des chemins que nous n'aurions pas imaginés. Vaincre l'ignorance pour retrouver l'insouciance. Retrouver où est l'essentiel dans notre existence. Je suis devenue adepte de ce cinéma. Je ne prêche pas pour ma paroisse, car au train où vont les choses, avec les nouvelles technologies et le cinéma d'animation, il ne faudra bientôt plus qu'un seul acteur pour en faire cinq ou six.

Le film *Coco* est un petit bijou (non je ne parle pas du film avec Gad Elmaleh). Il donne de l'espoir. Il nous aide à mieux vivre l'absence de nos chers disparus. Car malheureusement, avec les années, beaucoup de ceux qui ont accompagné nos vies ont rejoint les étoiles.

Les douloureux départs

Maman

Maman est partie il y a sept ans. C'était hier. Son absence est un gouffre dans lequel parfois je trébuche et tombe, saisie par le chagrin de ne plus pouvoir la toucher, lui parler, l'embrasser ou même la rabrouer, car nos deux caractères s'affrontaient souvent sur certains sujets... Mais je ne reste pas longtemps dans ce trou mouillé de larmes, car je sais qu'elle n'est pas loin. Qu'elle est ailleurs, dans un monde parallèle auquel je crois, et je pense alors à elle, juste à elle, et je me dis qu'elle est mieux où elle est, libérée des douleurs physiques qui lui enlevaient toute joie et modifiaient son caractère, alors que la brillance de son intellect et de son imaginaire demeurait intacte. Elle avait perdu la majorité de ses amis, ne pouvait plus aller au bridge, elle qui adorait ça, et se sentait de plus en plus seule ou inutile. Elle avait pour compagnie indéfectible Tootsie, son petit shih tzu que je lui avais offert, malade lui aussi, souffrant de la même pathologie qu'elle, comme par mimétisme. Son bonheur était mes visites, mais c'était l'époque où ma fille était entrée totalement dans ma vie, et où je ne pouvais pas être aussi disponible que je l'aurais voulu. Écartelée entre la culpabilité, l'énervement, l'amour, je n'ai pas géré mon temps comme je l'aurais dû. J'ai fait comme j'ai pu. Et quand ce « putain » d'accident de voiture est arrivé, je n'ai fait que regretter le temps que l'on ne s'était pas donné. Voilà, c'est comme ça. Et il faut vivre avec et continuer. Un peu bancale, avec ce sentiment d'être orpheline, mais continuer. Perdre ses parents est dans l'ordre des choses, mais c'est un bout de nous qui s'en va et ne reviendra jamais. Peu de jours avant son accident, nous étions allées ensemble dans une église, et je sais qu'elle avait prié… Je pense que les anges l'ont entendue…

S'il y a bien une chose à conserver de l'enfance, ce n'est pas l'innocence, c'est la curiosité et la faculté de s'émerveiller de tout. Maman avait un imaginaire hors du commun. Elle écrivait sans cesse. Sur tout ce qui lui passait par la tête. Elle écrivait pour le plaisir d'écrire et avait ce talent de faire vivre toute chose et tout instant. Elle s'émerveillait devant la nature, les oiseaux, et sous ses yeux se déroulaient toujours des scénettes qu'elle mettait en mots. Nous avions un projet de contes pour enfants ensemble, que j'ai malgré tout sorti chez Michel Lafon. *Les Contes de maman*. Je suis si heureuse que ce livre existe. Nous l'avons écrit ensemble, et je conte nos histoires sur le CD musical qui accompagne le livre.

Il y a toujours des livres de contes pour enfants. Enlèverait-on aux adultes le droit de rêver ? Les histoires que maman écrivait n'étaient pas forcément destinées aux enfants. Elles n'étaient d'ailleurs pas destinées à qui que ce soit en particulier. Elle écrivait pour le plaisir d'écrire, de poser des mots, des idées, des fantasmes, de faire vivre une époque parfois révolue. Elle posait des rêves comme des regrets sur la page blanche. Mais en y apportant des changements, ils ont fait de si jolis contes pour les petits ! Un de mes livres de chevet a été *Le Petit Prince* ; Saint-Exupéry l'aurait-il présenté comme « contes pour adultes » ? Non, il a juste écrit *Le Petit Prince.* Bon nombre d'enfants l'ont lu et bon nombre d'adultes l'ont relu. Il y a toujours deux niveaux de lecture dans un livre. Celui de l'enfant et celui de l'adulte. L'un écoute et voyage, l'autre raisonne, fait la relation avec un vécu. Car du *Petit Prince* au *Prophète* de Khalil Gibran, il n'y a qu'un pas. J'ai fait découvrir ce dernier à ma fille qui a adoré se plonger dans l'écriture et la sagesse si parlante et imagée de Khalil Gibran. Du coup j'en ai relu des passages. Si vous ne l'avez pas lu, ne vous privez pas de ce que cet ouvrage peut vous apporter. Et si vous l'avez lu, je vous suggère, par pur plaisir, d'en relire comme moi des passages. Ça fait tellement de bien.

Maman et la langue des oiseaux

Ma mère et moi étions fusionnelles depuis si longtemps. Nous partagions l'amour des mots et de la langue des oiseaux. Connaissez-vous « la langue des oiseaux » ? Ça n'a rien à voir avec les chants de nos petits amis à plumes. C'était la langue des alchimistes et des sociétés secrètes[1]. Basée sur des jeux de mots, des approximations phonétiques, elle se faufile partout. Dans notre langage, dans les comptines de notre enfance comme dans les expressions de tous les jours. Apprendre à la décoder, c'est découvrir dans les mots un double sens qui, curieusement, nous parle intuitivement. Une autre musique pour celui qui veut bien lui prêter une oreille d'enfant. S'amuser à cela, c'est comme un bain de jouvence, c'est adopter une nouvelle tournure d'esprit. Entendez comme l'être aimant nous aimante ; écoutez ce que le mal a dit dans la maladie, ou encore persévérez : percez et vous verrez. Ce sont comme des messages secrets en quelque sorte. La langue des oiseaux… ce nom me fait rêver. Mais pour entendre la langue des oiseaux, il faut être disponible. Pour entendre, il faut se poser. Il faut se souvenir de

1. Patrick Burensteinas, auteur du livre *Un alchimiste raconte*, nous emmène à la découverte de la langue des oiseaux, comme si l'on parcourait en sa compagnie éclairée un pays nouveau et pourtant familier.

laisser le temps au temps. Nous sommes conditionnés à un état d'urgence perpétuel. Alors entendre les mots entre les mots... Mais si, mais si, c'est simplement une autre façon de diriger son attention.

Le disque que je viens de faire s'appelle *Rêve*. Des mélodies du monde entier réarrangées sur lesquelles j'ai posé les mots qu'elles m'inspiraient. J'adore écrire pour les enfants. C'est bien l'exercice que j'ai préféré faire pendant le confinement. Parce qu'on peut les emmener dans un monde imaginaire sans les frontières de l'*a priori*, du cartésianisme ou de l'analyse systématique. J'aime m'amuser avec cette langue des oiseaux. Glisser des phrases à double sens. J'aime l'idée d'endormir les bouts de chou avec une musique douce et belle. J'y ai mis tous les mots d'amour, toute la tendresse et les messages qu'une maman a envie de donner à son enfant. J'ai même le secret espoir que les parents qui mettront *Rêve* pour calmer leur canaillou y prendront du plaisir et y entendront des messages.

C'était pour moi un challenge d'écrire en attendant la critique de maman. Elle qui écrivait si bien, mais qui n'a jamais rien pu en faire. Parfois je me dis qu'elle s'était incarnée trop tôt. Avec de multiples talents, mais des difficultés incroyables à les faire exister. En voyant une photo de nous, un jour, un médium lui avait dit qu'elle avait le don, mais que j'avais le pouvoir. Peut-être était-ce celui d'incarner les choses, puisque j'ai réalisé tout ce qu'elle aurait eu envie de faire. Maman était étonnamment mon frein et mon moteur. Le rapport mère-fille est si compliqué. Aujourd'hui, quand je vais au petit cimetière de Bailly, dans l'Yonne, où son corps repose près de celui de son papa, je ne fleuris pas sa tombe mais sa mémoire, et à aucun moment je ne l'imagine sous terre quand je viens m'occuper de son dernier petit jardin, où j'essaie de lui faire partager en fleurs les saisons qu'elle aimait tant. Je lui parle, tout le temps, comme une chose normale. Tu me manques tant ma petite maman. Mais je sais que tu es mieux où tu es. Je me dis que tu as rejoint ton espace, que tu es rentrée à la maison. C'est toujours dans ces termes que tu m'as parlé de la mort. Comme d'un passage. Une âme qui vient faire une expérience terrestre, puis rentre chez elle en quittant ce monde.

« Nous ne sommes pas des êtres humains vivant une expérience spirituelle mais des êtres spirituels vivant une expérience humaine. »
(Pierre Teilhard de Chardin)

Dépasser la souffrance passe par l'acceptation

Accepter, c'est faire le premier pas du dépassement de la souffrance. Quelle qu'elle soit. Notre vie est jalonnée de départs que l'on accepte ou pas. Que l'on dépasse ou pas. Il faut s'en arranger avec les armes que notre esprit nous donne. Il n'y a que cela. La foi, les enseignements spirituels. Et je ne dis pas que l'on en guérit, car je pense que l'on ne guérit jamais des grandes souffrances. On les gère, on cicatrise et on tente de continuer à vivre avec. C'est notre balluchon. Voilà. C'est la besace que l'on remplit quand on avance dans le temps, car malheureusement c'est un état de fait, encore une chose qui ne s'arrange pas avec l'âge. Ceux que vous avez connus à vos débuts, qui vous ont encouragé, soutenu de leur expérience, souvent plus âgés que vous évidemment, s'en vont les uns derrière les autres.

Vous êtes parfois en deuil de gens qui ne sont pas forcément de votre famille, ou même de vos amis. Mais de ceux dont les chansons ou les films ont accompagné toutes les étapes de votre vie, et qui sans le savoir ont été comme votre ami, votre confident. Ils ont accompagné vos états d'âme et rien qu'en les partageant ils vous ont virtuellement tenu la main. La musique est tellement importante. Elle touche directement votre cœur, votre émotion. Et se superpose à chaque souvenir intense. Ou à votre jeunesse. C'est notre madeleine de Proust.

Nos chers disparus

Beaucoup se sont sentis orphelins de **Johnny,** notre Johnny national. Si unique. Il a tant fait rêver, s'aimer, fantasmer, par sa fureur de vivre, son talent, son charisme, et son apparente liberté. Il semblait être sans limites. Johnny a inspiré des milliers de gens, et la foule qui lui a rendu hommage le 9 décembre 2017 fut à la hauteur de l'amour inconditionnel que ses fans lui vouaient. Pour autant son âme n'est pas loin. Ne serait-ce qu'à travers les chansons éternelles qu'il a laissées.

Un autre grand monsieur a quitté ce monde. Il était un hymne à la vie. **Jean-Paul Belmondo** a tiré sa révérence. Un magnifique hommage national lui a été rendu. Tellement mérité ! Le président Emmanuel Macron a eu des mots très justes et émouvants dans son discours, et le prêtre, le lendemain à l'église, a dit entre autres : « Je ne te demanderai pas, Dieu ! pourquoi nous l'avoir repris, mais je te dis merci de nous l'avoir donné. » J'ai trouvé ça si joli. Il est vrai qu'avoir eu un acteur qui a tellement véhiculé cette bonne humeur contagieuse dans tous ses films et dans la vie, et ce courage après son terrible accident, n'est pas courant. Il ne s'est jamais départi de sa bonne humeur durant toute sa vie. Envers et contre tout. Et dans la discrétion. Même s'il avait quitté la scène depuis longtemps en fait, son empreinte a été si forte que c'est comme si « l'homme de Rio » n'avait jamais cessé d'arpenter nos villes et d'habiter nos vies. La *standing ovation* orchestrée par Claude Lelouch était magnifique et tout le monde je crois a été heureux de pouvoir saluer une dernière fois Belmondo le magnifique. Les gens avaient avec lui ce lien d'affection profonde. J'entends encore mon père parler de « notre Bebel »... Alors c'est sûr que notre Bebel nous a fait un beau cadeau de passer par là et qu'il nous reste ses films bonne humeur, (même si parfois un peu exagérés, mais franchement on s'en fiche), témoins aussi de toute une époque. Si loin de celle que l'on vit aujourd'hui. Alors tout simplement ça fait du bien. Le prêtre a conclu par : « Jean-Paul n'est pas mort, il a achevé de naître »... À méditer !

Il y a des départs qui glacent le cœur. Comme celui de **Gaspard Ulliel.** Non, il n'avait pas encore marqué de façon indélébile le cœur des Français, il n'en a pas eu le temps. Il était la beauté, le talent, la douceur et la gentillesse. Il était un ange. Son passage sur terre a été trop bref, il avait encore tant de choses à dire, à faire. Heureusement qu'il laisse un souvenir à chérir à travers ses films.

Éric Assous était un merveilleux auteur de comédies de mœurs. Depuis longtemps je voulais me glisser dans ses mots, et j'ai eu le bonheur de jouer *Inavouable*, sa dernière pièce de théâtre, que j'ai créée avec Michel Leeb pour la chaîne C8, sous la houlette de Jean-Luc Moreau. Comment ne pas tirer un immense coup de chapeau à l'artiste qui a écrit tant de pièces à succès, et à l'homme si humble, si respectueux des acteurs avec qui j'ai eu le bonheur de vivre une telle complicité ! Il venait à toutes les répétitions, non par peur que l'on écorche son texte, mais pour débusquer dans le moindre « accrochage » sur un mot ce qui pouvait être amélioré. Pas mal d'auteurs pourraient « en prendre de la graine », comme on dit. Il a été l'une des premières victimes du covid. Le théâtre a perdu l'un de ses grands. Je regrette infiniment cet homme. Je me dis qu'il est allé chercher d'autres idées formidables pour la prochaine fois.

Beaucoup d'artistes ont quitté la scène ces dernières années. **France Gall, Maria Pacôme, Annie Cordy, Caroline Cellier, Claude Brasseur, Guy Bedos, Sean Connery**, et bien d'autres. Le covid a empêché pour certains qu'un hommage digne de leur carrière puisse leur être rendu. **Christophe** par exemple, qui a fait danser et s'embrasser tant de couples de mon époque. Son départ n'a pas fait grand bruit. Et pour cause. **Jean Rochefort, Jean-Pierre Marielle,** à un an d'intervalle, ont tiré leur révérence. Pour moi ils sont un peu associés. Cinéma de toute une époque, souvenirs de toute une époque, folie et joie de toute une époque, classe de toute une époque. Je vous salue, messieurs.

Je parle dans mon affectueuse rubrique nécrologique de mes amis artistes, mais comment ne pas saluer l'homme qu'était **Pierre Rabhi**, le paysan philosophe et visionnaire, son parcours, son œuvre et l'héritage merveilleux qu'il nous laisse. J'ai eu le bonheur de le côtoyer lors d'une interview que j'avais faite de lui, puis plus tard pour un tournage pour *Vivement Dimanche*, chez lui, dans son univers où j'ai pu découvrir pleinement les lieux qu'il avait initiés et développés… Quelle leçon de vie ! Même si son opiniâtreté lui avait permis de monter des projets importants et de devenir une référence pour beaucoup, on a découvert son travail, et entendu sa pensée et sa parole trop tard. Il aurait pu faire tellement plus si le temps ne l'avait pas rattrapé. Son discours est d'une telle actualité. Il fait partie de ceux que l'on voudrait ne jamais voir partir tant ils ont à dire…

L'apoptose, inéluctable évolution

***« L'homme est un être de transition
et il peut être le collaborateur
de sa propre évolution. »***
(Sri Aurobindo)

Étrange époque où le sens est parfois difficile à débusquer et où tout semble être mis en place pour nous le faire perdre. Difficile de se poser la question du sens de la vie, puisque la marche du siècle nous emmène à grands pas vers la robotisation, et la connexion à tout sauf à nous-mêmes. La vie avec les progrès technologiques et scientifiques sera demain si longue que l'on ne se posera peut-être jamais les bonnes questions. Et ceux qui auront les moyens de s'offrir les dernières découvertes pour ne pas mourir ne seront peut-être pas les meilleurs. La vision de la mort n'est pas la même selon les cultures. Nous, Occidentaux, avons tellement peur d'elle que nous serions parfois prêts à faire n'importe quoi pour qu'elle nous épargne plus longtemps.

L'évolution de notre monde n'est qu'une suite de découvertes, l'homme tel qu'il est aujourd'hui n'est qu'une suite de métamorphoses. Certaines choses doivent mourir pour que d'autres naissent et que l'évolution continue. À quel stade en sommes-nous de notre évolution ? À quel maillon de la chaîne ? L'apoptose est un processus de mort cellulaire programmée qui se déroule à l'intérieur d'un organisme afin d'éliminer les cellules âgées, infectées ou dangereuses. L'apoptose a une fonction très importante dans les organismes, car elle permet la destruction des cellules endommagées en évitant l'apparition de maladies telles que le cancer, conséquence d'une réplication aveugle d'une cellule abîmée. Toute l'évolution d'un fœtus est basée sur l'apoptose. Des milliards de cellules doivent s'autodétruire pour faire place à celles qui vont construire petit à petit un être. C'est un phénomène qui a lieu tout au long d'une vie. Le corps humain est un ensemble qui doit s'adapter, se détruire et se reconstruire en permanence. Il en est ainsi pour une généralité plus grande, sociétale. Nous sommes à une bascule du monde. Il est à mon avis vain de penser que les choses vont reprendre leur place, et que tout va recommencer comme avant. Moi je pense que plus rien ne sera comme avant. Les comportements ont changé d'une façon incroyable. Les habitudes. Les exigences. Les rêves, les envies. Les rapports humains. Aujourd'hui, nous sommes comme en apnée. On peut respirer sans masque, mais nous ne le faisons plus comme avant. L'individualisme semble s'être étrangement renforcé. La crainte d'aller vers l'autre spontanément est bien là. Et je trouve que l'atmosphère est devenue lourde et triste. Un peu comme l'air avant un cyclone. Le philosophe Marc Luyckx Ghisi, dont vous pouvez écouter les interviews, nous explique que nous vivons une époque où l'humanité a modifié son système de croyances. Aucune force selon lui ne peut arrêter ça. En changeant notre vision de base de la vie, en changeant l'éducation, nous changeons de civilisation. Je ne sais pas vous, mais moi ça me parle. Je suis observatrice de ce qui se passe. De l'évolution. Observatrice parfois révoltée, mais observatrice. Curieuse de cet avenir qui nous arrive, dont les pourtours sont encore flous. L'avenir dira. Nos enfants et petits-enfants diront. Que naîtra-t-il de la mort des valeurs qui soutenaient notre monde jusqu'à présent ? L'essor de l'intelligence artificielle, le transhumanisme vers lequel nous allons à grands pas, fleur au fusil, et les prémices d'un univers artificiel avec le métavers, c'est le nouveau monde qui se profile à l'horizon. On ne sait pas ce que sera la vie. Peut-être y aura-t-il moins de violences, de guerres, parce que moins d'ego ? Peut-être que la machine fera à notre place des tâches aliénantes et stressantes qui nous embourbent l'esprit et nous empêchent de nous consacrer aux tâches plus essentielles ? Qu'en savons-nous ? Ceux qui sont en train de lire ce livre auront disparu, moi aussi, et nos arrière-arrière-petits-enfants n'auront que des témoignages de ce que nous avons connu.

Regret du monde d'hier

Plus ça va, plus je me sens d'un autre temps. D'une autre EN-VIE en tout cas.

C'est la comparaison, les références, qui sont douloureuses. Je n'aimerais pas avoir 20 ans aujourd'hui. C'est normal, évidemment, parce que je sais ce qu'il y avait avant. J'ai aimé notre jeunesse, j'ai aimé tellement cette époque qui semble si lointaine. J'aime y repenser. Je ne m'étendrai pas sur la difficulté à se projeter dans l'avenir, sur le problème du travail, du jeunisme acharné et de la complexité pour les approchants séniors, je resterai sur des regrets plus ludiques qui rendaient simplement la vie plus attrayante. J'adorais par exemple, lors d'un voyage en train, aller au wagon-restaurant. C'était passer le temps de façon agréable. Ça n'existe plus. Il n'y a plus qu'un bar où tout le monde est à la queue leu leu. Il faut aller en Inde pour trouver les « trains-couchettes » de jadis. C'est sûr qu'en France nous sommes loin de l'ambiance des trains comme dans les films d'Agatha Christie. À coups de dollars ou d'euros, vous pouvez retrouver le charme d'antan dans l'Orient-Express ou le Transsibérien, mais il n'est pas donné à tout le monde de pouvoir le faire. Loin de là. Le charme du passé est devenu l'inaccessible rêve. Les couleurs d'autrefois ne reviendront pas. L'esthétique et la délicatesse de tout travail sur pierre ou bois ont revêtu le mot « design » dans la recherche des formes et des couleurs. On prenait l'avion sans devoir se « déshabiller » comme aujourd'hui. C'est stressant de prendre l'avion aujourd'hui. Il y a un côté « bétail » qui me dérange profondément. Quand on part pour un long voyage, on est conditionné différemment, mais pour un vol d'une heure ou deux, franchement, enlever sa veste, ses chaussures, sa ceinture, mettre tout son petit bazar dans le truc en plastique, passer l'arceau musical, en gardant un œil sur la barquette où on a laissé clés, portable et compagnie et qu'on a hâte de récupérer, sans oublier le petit sourire au douanier qui une fois sur deux vous fait la gueule comme si vous étiez un terroriste en puissance, reprendre son petit bazar, remettre ses chaussures qui cette fois refusent le pied qui a gonflé… Vérifier qu'on n'a surtout rien oublié… C'est vraiment casse-bonbon. Sans compter les problèmes d'enregistrement où il n'y a plus que des machines à la place des hôtesses. Encore des jobs qui ont disparu.

Moi, ça me panique tout ça. L'électronique, c'est ma bête noire. Alors je prends le train. D'autant plus avec Shila, mon inséparable compagne à quatre pattes. Au moins, j'ai le temps d'écouter de la musique, de lire, de réfléchir tout simplement, de prendre des notes pour mon livre et de regarder les paysages de cette France que j'aime tant. Ça au moins ça n'a pas trop changé. À part les haies qui abritaient les oiseaux et toute une petite faune, dont on s'est rendu compte de l'utilité après les avoir éliminées, et qu'on replante de plus en plus. C'est quand même terrible cette habitude de détruire pour finalement reconstruire. Comme le tramway dans Paris. Tout a changé, si vite. Même pas le temps d'une vie. Les personnes de 80 ans ont de quoi être déphasées devant le changement de leur monde. Il y a des mesures qui ont été prises je ne sais même pas pourquoi et qui n'ont pas fait de bien en ruralité. Même les voitures jaunes de La Poste qui sillonnent les routes sont sur la sellette. Moi j'ai encore envie de dire « Allo Monique ! ou Allo Cathy ! j'attends un colis ! » Ce sont les factrices de mon village. Là-bas, nous sommes encore entre humains. Mais chaque année amène une dégradation des services sanitaires et des services tout court. La France fait partie de l'Europe d'accord, mais par pitié n'accablons pas ses communes avec des réglementations trop souvent dénuées de sens. Sa beauté vient de toutes ses régions, si différentes les unes des autres, qui par définition n'ont pas toutes les mêmes besoins. De par le climat, les habitudes, l'histoire. Pourquoi vouloir tout aplanir et finalement appauvrir les identités ? Les maires ne peuvent plus rien faire. Les ordres viennent trop souvent d'ailleurs, de ceux qui ne connaissent pas les problèmes de chacun. Et c'est normal. Qui savait allumer les contre-feux quand un incendie se déclarait dans les collines varoises par exemple ? Les paysans ! Parce qu'ils connaissaient les vents et leur terre. Les pompiers de la région étaient sûrement plus efficaces que ceux de l'autre bout de la France. Je me souviens encore de mon voisin qui était un ancien militaire, agriculteur à la tête dure comme du bois, que j'aimais beaucoup. Il cultivait les olives, les pêches et un peu de vigne. Il y a vingt ans, le feu a pris dans le vallon. Les pompiers exhortaient les gens à partir, mais Jean est passé outre avec un vocabulaire dont il avait le secret. Il a pris son masque à gaz, son tracteur, et avec la connaissance parfaite qu'il avait de chaque centimètre de son terrain comme du mien, il est parvenu à circonscrire le feu. Il a fini au poste pour insulte à agent. Je ne peux m'empêcher de sourire quand je repense à lui. Il était un sketch à lui tout seul. Il accompagne mes pas chaque fois que je travaille à nettoyer la rivière, car nous le faisions souvent ensemble. Je traversais aussi régulièrement celle-ci pour le rejoindre au moment des pêches afin d'en ramasser avec lui. Leur goût était unique. Ça avait comme un parfum d'enfance. Il est parti, mon ami Jean, en quelques mois, d'un cancer de la plèvre, et je regrette notre complicité. Je me rappelle combien l'évolution du monde le chagrinait déjà. Il n'aurait pas aimé tous ces changements.

Je suis retournée à l'île Maurice où j'avais tourné il y a plus de quarante ans *Paul et Virginie*. Quelle déception ! Grand-Baie ressemble à n'importe quelle ville avec ses centres commerciaux. Aseptisée, sans âme, ayant adhéré à l'incontournable modèle américain. En revanche, j'ai eu la surprise et le bonheur de retrouver le décor de *Paul et Virginie*. Les cases étaient intactes, magnifiquement conservées, comme le pont jeté en travers de la rivière. Un grand bond dans le passé. Tant d'incroyables souvenirs ont fait irruption dans ma tête ! C'était inattendu et merveilleux. Ces grands domaines privés protègent encore l'identité de l'île. La soirée fêtait « le retour de Virginie », avec un écran géant qui diffusait le feuilleton. Et le dîner était servi dans le style et les costumes d'époque. Magnifique moment privilégié. Quelques personnes étaient là que j'avais connues lors du tournage, à commencer par le propriétaire des lieux, Arnaud Dalais, qui avait fait de la figuration à l'époque dans les grandes scènes qui réunissaient la noblesse de l'île. Et aussi André Koenig, qu'on appelait BB, je ne sais pas pourquoi, qui était l'assistant chargé de la figuration. C'était lui qui criait ces indications savoureuses dont je me souviens encore, comme « pas guette caméra ! ou avance en arrière ! ». Plus rien à voir avec le fringant jeune homme de l'époque. Vieilli et calmé, André est écrivain et poète et sa plume ne manque ni de talent ni de charme. Cette soirée fut un merveilleux moment. Une caresse du passé. Et l'île Maurice, lorsque l'on sort des grandes villes, bien que différente, reste une île magnifique à découvrir.

Il n'y a pourtant pas si longtemps il y avait moins d'interdits. Il y avait plus de règles et moins de lois dans tous les sens. Plus de civisme, plus de respect.

Si l'éducation civique est encore au programme, c'est à croire que beaucoup ont séché les cours.

Ouverture au futur

Aujourd'hui, beaucoup de cultures se mélangent. Mais tout semble partiellement amputé. Ne serait-ce que le langage. Quand il n'est pas à l'envers, il est parsemé de mots que je ne comprends plus, et qui sont bien loin de la langue que j'ai apprise, cultivée et aimée pour le simple amour des mots et du sens. Bref, je ne retrouve pas mes petits dans la dernière nichée. Mais si je me limite à ce constat, à cette nostalgie, ça ne va pas m'emmener bien loin. C'est la réflexion que je me faisais l'autre jour. Entre la jeunesse de mes parents et la mienne, il y avait un monde. Et entre ma jeunesse et celle d'aujourd'hui, il y en a un autre. Rester spectateur, attentif, curieux de ce qui évolue, continuer à y prendre part avec le recul que l'on a envie d'avoir, je pense que c'est la meilleure solution. Et arrêter de bassiner nos enfants avec « de mon temps », parce qu'ils en vivent un autre et qu'il leur appartient d'y prendre part et de le transformer de leur mieux. Il y a une jeunesse formidable de culot, d'inventions, d'adaptabilité, et c'est ça qu'il faut voir. Il y a toute une nouvelle génération bien plus consciente que nous avons pu l'être de l'urgence à changer des choses pour vivre plus proches de la nature, dans le respect et la communion.

ADN sociétal

Si comme le dit Bruce Lipton, l'environnement dicte les comportements et pourrait à la longue modifier nos gènes, force est de constater que les nouvelles technologies ont changé totalement nos comportements. GAFAM (Google, Apple, Facebook, Amazon, Microsoft) et NATU (Netflix, Airbnb, Tesla, Uber), les nouveaux maîtres du réseau mondial, exercent un contrôle invisible mais bien réel et de plus en plus oppressant, voire inquiétant, sur les actions de la vie quotidienne, privée ou professionnelle des internautes.

Comment distinguer la véritable information ? Il y a des fake news sans arrêt parfaitement orchestrées. Saviez-vous que sur 300 millions de comptes twitter, 48 millions seraient des automates uniquement destinés à manipuler votre opinion ? En lisant ça, j'ai compris pourquoi s'affiche la phrase « êtes-vous un robot ? » qu'il faut cocher pour continuer notre travail ou voyage sur Internet. Influencer est devenu plus facile que jamais. Ce n'est pas pour rien que le métier

« d'influenceur » est né. C'est un job bien nouveau et tellement important dans cette nouvelle configuration sociétale qu'ils se font de petites fortunes. Les annonceurs l'ont bien compris.

Si j'ai des réserves sur les bienfaits des réseaux sociaux dont l'utilisation peut engendrer de véritables drames, ils ont quand même été utiles à bien des égards durant la période de confinement. Internet a permis d'échanger, de garder le lien. Les chanteurs se sont mobilisés aussi pour le plaisir de leurs fans et le leur. Les systèmes de jeux par Internet qui permettent aux gens de jouer en famille et plus, sont plutôt quelque chose de positif. Dans une période qui n'est pas particulièrement optimiste, il ne faut négliger aucune source de joie et de partage. Notre cerveau en a besoin. Mais il a besoin aussi de repos. Il ne le trouve pas avec la manie qu'ont nos jeunes d'être sur leur téléphone ou leur tablette, en alerte et prêts à dégainer à la moindre vibration de celui-ci. C'est encore l'option du juste milieu qui devrait être observée. Même nous, adultes, sommes prisonniers de notre téléphone. Là encore, on nous a enlevé de l'espace. Là encore, nous sommes amputés de notre temps. Je suis heureuse que ma fille ne soit pas vissée sur son téléphone. Elle a été élevée sans pendant des années et c'est finalement une bonne chose. Elle n'est pas en panique si elle l'a oublié. Je me surprends à pester si je n'arrive pas à la joindre mais en fait c'est tant mieux. C'est énervant sur la forme, mais rassurant sur le fond.

Dérives du vocabulaire et des habitudes

Il y a une telle évolution dans le vocabulaire que le sens est de plus en plus faussé. Commençons par mettre les mots justes sur les choses. Nous avons des contacts, pas des amis, nous créons des zones de communication, non de partage. Et ainsi de suite. Si les réseaux sociaux permettent parfois de se retrouver et d'échanger sur des sujets passionnants, voire vitaux, ils sont bien souvent manipulés. Certains aussi se cachent derrière une fausse identité pour abreuver des sites ou des personnes de leur fiel et de leur vulgarité. Le meilleur et le pire s'y trouvent. Mais je ne pense pas que cela rapproche réellement les gens. Au contraire même. Ça rapproche ceux qui sont loin, mais éloigne ceux qui sont près. Les yeux rivés sur leur téléphone, souvent indifférents à ce qui se passe, sauf si ça peut être filmé et partagé, la plupart des ados et plus sont noyés par toutes sortes d'infos stériles. Je ne sais pas quel intérêt ils trouvent à publier systématiquement leurs moments d'intimité entre amis, ou leurs repas. De préférence avec la grimace qui accompagne. Cette exposition perpétuelle me dépasse un peu. Cela n'incite pas à la réflexion. L'intuition, l'instinct ne peuvent pas se développer. Savent-ils écouter tout bonnement, s'ouvrir aux choses simples qui les entourent ? Il faudrait apprendre à se servir de ce genre de « prothèses » que sont les portables sans en devenir esclave. Ce qui n'est malheureusement pas le cas. C'est normal, c'est fait pour ça. On trouve formidable ce qui est en fait aliénant. Il faut répondre dans la minute aux messages. En abrégé de préférence, ça va plus vite. Les gens n'admettent pas de ne pas pouvoir vous joindre. Vous devez être joignable puisque vous avez un portable. Le petit doigt sur la couture du pantalon. Lorsque je suis dans ma campagne, je boycotte le téléphone. Je ne veux pas être interrompue dans ma conversation avec la nature. C'est une chose établie et mon entourage le sait.

Il n'y a pas si longtemps, on envoyait une carte ou une lettre pour un anniversaire. Pour montrer que l'on pensait à la personne en ce jour important pour elle. Aujourd'hui, on envoie un message. Et on s'étonne si l'autre ne répond pas. Est-ce généreux ? Est-ce pour finir le geste d'amitié gratuit qu'il devrait être ? « Oui bien sûr », allez-vous dire, pourtant vous êtes presque vexé de ne pas avoir de retour. Voyez comment tout est faussé. Maintenant, je vois arriver avec angoisse le jour de mon anniversaire, parce que je dois répondre à tous les messages reçus. Pour que personne ne prenne ombrage. C'est fou comme un plaisir peut se transformer en corvée. Souvent, j'envoie un message comme ça, pour une pensée. Je n'attends pas de réponse. C'est un souhait pour l'autre et c'est tout. Sinon on n'en finit pas de se remercier d'avoir remercié.

Quand on passe un coup de téléphone, on dit bonjour, mais notre avatar digital se passe bien souvent de cette politesse. Dire bonjour ou au revoir est devenu facultatif.

Le piège des textos

On va au plus court. C'est pratique les textos, mais dangereux. On a tendance à trop les utiliser. Pour une réponse urgente, ou une petite info rapide, c'est indiscutablement pratique, mais pour lever un malentendu, partir dans une discussion, alors là, j'ai de sérieux doutes. Ce qui importe avant tout c'est que le sens gouverne le choix des mots et non l'inverse. Que pensez-vous de tous ces messages abrégés, réduits au minimum de signes ou rédigés à travers ce que l'on appelle l'écriture intuitive ? Caractérisée pourtant par une regrettable absence d'intuition tant que votre nouveau portable n'a pas intégré votre lexique personnel. Il vous est sûrement arrivé d'envoyer un message différent de celui que vous vouliez envoyer. Non ? Moi oui.

Je pense qu'il est important d'écrire des messages dans leur totalité, d'arrêter de tout abréger. C'est une facilité qui amène à une forme d'indigence du langage.

La pratique de l'abréviation est un moyen de détruire le sens. Les mots sont le véhicule de la pensée. Les abréger, c'est aussi limiter notre pensée. Les émoticônes sont heureusement d'une aide précieuse. Je les adore. Je pourrais composer presque tout un message avec les émoticônes. Comme un rébus. Ça m'amuse. Et ça permet de nuancer le message pour ne pas fausser l'interprétation. Attention humour, pas d'agression. Mais dans le cas d'une véritable explication qui se doit d'être claire, rien de mieux que de décrocher son téléphone. Nous ne sommes pas encore des robots, alors profitons-en. D'ailleurs c'est un comble ! Alors que l'homme désapprend la politesse et le civisme, les premiers mots que l'on apprend à un robot sont ceux de la politesse, de l'accueil. Cherchez l'erreur.

L'homme augmenté. L'humain diminué

On lit des choses qui nous semblent irréalisables, et pourtant rien ne vous étonne quand vous attrapez votre téléphone portable et laissez un message à un ami qui vous répond dans la seconde, ou qu'en utilisant Facebook, WhatsApp ou une autre application du genre vous pouvez voir grandir votre petit-fils qui vit avec ses parents à l'étranger, parler à l'être cher au bout du monde, ou participer à une réunion d'où que vous soyez alors qu'il n'y a pourtant pas si longtemps, vous n'étiez joignable que chez vous ou au bureau. Autant de prouesses technologiques qui améliorent le quotidien et nous semblent normales. Mais nous sommes dans le monde de l'urgence. Il faut aller toujours plus vite. Toutes les innovations que l'on nous propose ont pour credo : gagner du temps. Donc de la qualité de vie. Est-ce bien certain ? Cette accélération finit par dépasser l'humain. L'intelligence artificielle est entrée dans nos vies. Devenue indispensable, elle grandit et tisse inexorablement sa toile. Cool !

Savez-vous ce qu'est un futurologue ? Moi, je ne le savais pas jusqu'à il y a peu de temps. C'est celui qui anticipe sur l'évolution des techniques et de la société de l'avenir. Quand on lit *24 heures d'innovations* de Jean-Christophe Bonis, Éric Dosquet et Oxana Gouliaéva, c'est juste un petit frisson glacial qui vous traverse le dos, en même temps qu'une folle curiosité. Un film de science-fiction ? On pourrait le croire, mais à la vitesse où vont les découvertes, plus rien n'est étonnant. Il n'y a qu'à voir la proposition de Chat GPT ou Jasper, pour ne citer qu'eux, qui vous aident à créer un contenu sur n'importe quel sujet en un temps record, dans 26 langues. À une époque où la culture et la maîtrise de la langue peuvent laisser à désirer, c'est pratique certes. Mais il y aura ceux qui s'en inspireront pour étoffer des sujets, trouver des voies différentes, et ceux qui se contenteront de recopier tel quel. Plus que le résultat final, n'est-ce pas le chemin nous y conduisant qui importe ? La performance prendrait-elle le pas sur l'intelligence ? Le risque est grand de la perte du processus créatif. Que vaudra la culture dans peu de temps ? Quel intérêt d'apprendre et de se fatiguer (pour ceux qui pensent comme ça) si on a tout sous la main ? Sera-t-il possible de faire la différence ? Sans compter que cette fameuse IA n'est pas infaillible. En devenant le point de référence, elle peut tout bonnement changer la réalité. Les dernières versions agissent aussi sur les photos, les vidéos et la musique. Où cela s'arrêtera-t-il ? Que laissera-t-on à l'homme, à l'humain, à l'artiste, à l'écrivain, etc. ?

Ne vous est-il jamais arrivé de penser que nous faisons aussi partie des espèces en voie de disparition ? L'homme tel que nous sommes aujourd'hui n'existera plus dans le prochain siècle et peut-être bien avant. L'intelligence artificielle fait des pas de géant alors que nous ne voyons que les petits robots sympas qui seront bientôt à notre service pour nous préparer notre petit-déjeuner ou notre dîner.

J'ai toujours en mémoire le film *Matrix,* auquel je fais souvent référence. Plus le monde avance, plus je vois se profiler un scénario qui lui ressemble. Et je n'ai vraiment pas envie de faire partie d'un monde de zombies qui pensent être vivants et libres alors qu'ils ne seront que prisonniers de ce que l'on aura décidé pour eux. En leur laissant bien entendu l'illusion d'avoir choisi. C'est là le tour de prestidigitation ! La plasticité du cerveau fait que l'humain s'adaptera à ce nouveau monde. Je n'ai pas vraiment de doutes là-dessus, je me demande juste ce que voudra dire être humain quand nous en serons là. Et ce que voudra dire la vie.

Nouvelle donne. S'adapter sera la règle

On sait bien qu'à la différence de nous ou de nos parents, nos enfants devront faire plusieurs métiers au long de leur vie. Peut-être même plusieurs en même temps. Comme ça se fait déjà beaucoup depuis longtemps au Canada et aux États-Unis. Entrer dans une boîte et y faire carrière en montant petit à petit les échelons n'est plus de ce temps. Il leur faudra se remettre sans arrêt en question, changer de voie, et leur faculté d'adaptation sera déterminante. Ceux qui intègrent une école et partent pour des années d'études arriveront avec un bac plus cinq ou plus, mais ne feront pas forcément ce qu'ils avaient envie de faire pour gagner leur vie. La sélection sera dure. D'autant plus qu'avec l'avènement de l'intelligence artificielle, beaucoup de métiers n'existeront bientôt plus. Les générations d'adultes doivent et devront assurer un recyclage permanent et s'adapter aux nouvelles technologies si elles ne veulent pas être mises de côté. Il faudra oser ce retournement si apeurant, difficile et complexe et tenter malgré tout d'être dans sa cohérence. Ce sera, là aussi, plus facile pour certains que pour d'autres. Car les peurs et les remises en question sont forcément plus difficiles à surmonter quand on a plus d'années derrière soi que devant. Le temps a pu nous habituer à un confort auquel nous ne voulons pas renoncer, *a fortiori* si nous l'avons considéré comme acquis.

L'emploi s'est raréfié, mais pour autant la génération des séniors a des valeurs d'exigence professionnelle, une expérience qui lui est propre et qui est appréciée. Tous ne sont pas prêts pour la retraite. Tout dépend de leur situation familiale ou de ce qu'ils ont pu vivre auparavant. Selon le métier plus ou moins pénible ou enrichissant qui a été le leur. Si le champ d'activités de l'IA est en pleine expansion, il ne faut pas oublier, à nouveau, le pouvoir de l'intention. Force est d'admettre que nous serons des êtres connectés dans un futur pas si lointain. Pour tout. Mais il nous appartient de veiller à la connexion entre les êtres. Connectés entre nous et non pas à la machine, nous pouvons nourrir l'espoir de nous adapter à ce monde qui arrive. Car il est bien évident que celui de ma génération est agonisant, et que celui de nos enfants sera vite dépassé. La connaissance sera remplaçable et assumée peut-être par l'intelligence artificielle, mais les métiers intuitifs demeureront. Dans le monde du soin bien sûr, mais pas seulement. L'artisanat reprendra la place de choix qu'il mérite et c'est une bonne chose. Malgré tout, il y a ce besoin d'échange, de transmission, d'interaction, vital. Le QI, quotient intellectuel, sera secondaire parce que remis entre les mains des machines, des robots, mais, ne perdons pas espoir, nous aurons la carte à jouer du QE, le quotient émotionnel, où l'humain et son intuition, son adaptabilité, son ressenti, sa fantaisie, aura encore un rôle à jouer. L'intuition est le murmure de l'âme.

À l'heure où les libertés se rétrécissent, où le langage se rétrécit en même temps que la pensée, il est urgent d'élargir notre conscience.

Intelligence artificielle : Dieu ou diable

Malheureusement, l'impermanence de toute chose est une réalité. Ce qui fut la solution d'une époque est devenu le problème d'un monde en perpétuelle évolution. Car l'homme est ainsi fait qu'il offre des découvertes extraordinaires sans avoir l'antidote au cas où elles deviendraient poison. L'énergie nucléaire, par exemple, fut une révolution, un fournisseur d'électricité incomparable, le plus propre, mais personne ne sait gérer les déchets. Alors on enterre au plus profond, on emprisonne le plus solidement possible ce qui un jour ou l'autre finira par filtrer et nous « péter à la gueule » (pardonnez-moi l'expression).

Si demain l'intelligence artificielle déborde l'homme, qu'adviendra-t-il ? On dit déjà que seul l'homme « augmenté » fera le poids face à elle. On parle d'implants neuronaux. Ceux qui n'auront pas les moyens de le faire, ou refuseront cette approche, seront vite hors jeu. Super perspective ! Les uns… et les autres. Un fossé gigantesque pourrait se creuser entre les populations. Certainement encore plus qu'aujourd'hui.

On parle déjà d'armes de guerre avec des robots autonomes, des drones. La nanotechnologie est loin de s'arrêter à la médecine. Jusque-là c'était de la science-fiction, aujourd'hui c'est une réalité terrifiante. Nous savons bien que les rêves les plus fous d'aujourd'hui sont les plus grandes conquêtes de demain. Mais qu'en sera-t-il pour les découvertes majeures ? Entre les mains de qui tomberont-elles ? Entre celles de Dieu ou celles du diable ?

Nous avançons à grands pas vers le Métavers. L'au-delà de l'univers. Où grâce à je ne sais quelle machine, casque ou masque, nous aurons le loisir de vivre en parallèle une autre vie, de nous offrir nos rêves ou nos fantasmes, jusqu'aux plus fous, jusqu'aux plus obscurs. Ce sera peut-être la seule façon, dans un avenir plus ou moins lointain, de fuir une existence devenue indigente de sens et de lumière. Je suis malheureusement certaine que beaucoup y auront recours. Mais j'espère que ça ne sera jamais une majorité.

« Un jour, quand nous aurons maîtrisé
les vents, les vagues, les marées, la pesanteur,
nous exploiterons l'énergie de l'amour.
Alors, pour la seconde fois dans l'histoire
du monde, l'homme aura découvert le feu. »
(Pierre Teilhard de Chardin)

L'importance de cultiver l'esthétisme

Certains étudient l'impact du raisonnement sur le cerveau, d'autres l'impact des émotions, l'impact du beau sur l'évolution du cerveau, l'importance de la culture et du développement de l'esthétisme. Même si l'on ne peut nier que le gouvernement français a aidé financièrement et dédommagé nombre de personnes durant la crise sanitaire, la culture n'a pas été son premier cheval de bataille. Pourtant la culture est essentielle dans l'évolution de l'homme. Pas celle qui permet de tenir une conversation pour meubler un silence en épatant l'assemblée (bien qu'elle puisse être appréciable), mais l'éducation à la beauté. La beauté du mot, du trait, d'un paysage saisi par le pinceau de l'artiste, des films qui font rêver, réfléchir, des spectacles qui donnent de la joie et rassemblent dans une émotion commune… la liste est longue de ce qui englobe la culture.

Aujourd'hui, on ne parle que trop peu de l'importance de celle-ci. Pourtant notre santé même en dépend. Notre environnement est si important. Ce que l'on développe influence nos cellules, notre cerveau. La réflexion élève l'homme, change ses paramètres, les fait évoluer. Je précise que je parle de réflexion et non de pensées ! Nous avons tellement de pensées sans intérêt qui nous traversent en permanence qu'elles deviennent une pollution plus qu'autre chose. J'entends encore les maîtres tibétains que j'ai pu interviewer lors de mon documentaire *Dakinis : le féminin de la sagesse*. À ma question sur la première chose à retenir pour vivre plus sereinement, la réponse, avec un grand sourire bien sûr, était : « Arrêtez de penser. » Il ne faut pas confondre penser et réfléchir. La réflexion est importante, mais trop penser n'est probablement pas ce qui rend apte au bonheur. Vous apprendrez à arrêter de penser. Encore une fois, cela ne veut pas dire arrêter de réfléchir. Vous verrez d'ailleurs que c'est souvent quand on arrête de penser que viennent les réponses. Vous en avez certainement déjà fait l'expérience. Soyez conscient de cela. Dites-vous « stop ! » Il faut s'astreindre à se poser de temps en temps. Laisser se déposer tout ça, comme une eau boueuse qui petit à petit s'éclaircit. Ainsi en ira-t-il de votre mental. Et si je peux vous garantir une chose, c'est que vous vous en porterez mieux. J'ai lu un très beau livre qui parle merveilleusement bien du changement qui peut s'opérer en chacun de nous en modifiant nos conditionnements : *Kilomètre zéro,* de Maud Ankaoua. Un simple voyage se transforme en quête initiatique aux confins de l'Himalaya et change à jamais son regard sur l'amour et le monde qui l'entoure.

Enseignement et méditation dans les écoles

Le futur passe par l'éducation des enfants. Puisqu'on change tant de choses dans l'éducation, laissons au moins les bonnes s'épanouir. Formons dès le plus jeune âge les enfants à la créativité, comme plusieurs écoles le font déjà, laissons se manifester l'être et redonnons sa place à l'âme.

Il n'y a pas beaucoup de réformes de façon générale qui soient pour le bien des êtres. Pour un fonctionnement plus productif oui, mais pour le bien profond de l'homme, certes non.

Des réformes s'imposent sur le plan éducatif, tant pour les plus jeunes que pour ceux qui passent leur bac. Pour le bac, il y a eu des tentatives, pas forcément heureuses dans un premier temps, mais c'est sur la longueur peut-être que l'on jugera. Pour l'école, on ne parle encore de rien de concret. Le système d'éducation ne change pas aussi vite que le monde. Nos jeunes apprennent tant de choses qu'ils vont se dépêcher d'oublier si ces connaissances ne leur servent à rien sur leur chemin de vie. On ne retient que ce qui est lié au sens. Ou à une émotion. Si vous devez retenir un code d'entrée ou de carte, vous allez chercher à lui donner un sens pour le mémoriser sinon vous n'avez aucune chance. Le « par cœur » n'a pas plus d'intérêt que ça. Apprendre dans un système d'où le plaisir est exclu ne mène pas au meilleur résultat. Alors que c'est notre cerveau qui doit ingurgiter et mémoriser tout ça, on ne se préoccupe pas de son fonctionnement. En revanche, pour apprendre quelque chose à un animal, nous savons parfaitement que c'est par le jeu que l'on y arrivera. L'étudiant n'a pas droit à ce traitement si naturel pourtant. « Il ne faut pas forcer le cerveau à ressembler à notre école, mais forcer l'école à ressembler à notre cerveau. » Notre cerveau aime apprendre, mais pas n'importe comment. Il semblerait qu'apprendre par le jeu soit beaucoup plus efficace. C'est peut-être ce qui se profile à l'horizon avec l'usage de la tablette. Dieu sait que je ne suis pas pour l'utilisation trop souvent excessive de ce genre d'instrument, mais avec un temps étudié et limité, je pense que cela peut être positif. Les enfants se dirigent spontanément vers ce qu'ils aiment, ce qui leur parle, et vont certainement s'éveiller plus vite. Un enfant dans la nature est d'une curiosité absolue, mais la nature n'est pas toujours présente. Ce n'est pas pour rien que les écoles Montessori ont tant de succès. Idriss Aberkane, qui fait de l'éducation son cheval de bataille, dit que l'éducation dans nos écoles fabrique des « cerveaux gras » qui ne pensent pas assez par eux-mêmes et qui auront du mal à s'adapter à la vie active dans laquelle ils seront violemment plongés, n'ayant pas appris à se servir de leur intelligence et de leurs réelles aptitudes. Un peu violent, mais il y a du vrai. Car si l'on cultive ce que l'on aime, le sens est alors présent, le terrain fertile, et tout prend racine. Maria Montessori a toujours affirmé combien la joie d'apprendre était indispensable. Notre système occidental est encore trop basé sur la compétition, la consommation, le paraître avant l'être, il n'y a pas beaucoup de place pour le rêve. On a pourtant besoin de se projeter. Un éducateur doit apprendre à l'enfant à se faire une idée sur les choses à partir de lui-même, de sa sensibilité, de son expérience propre. Il est important de lui transmettre des valeurs essentielles à la vie en commun, comme l'honnêteté, le respect d'autrui, la tolérance, la compassion, mais il convient d'aider l'enfant à mesurer l'importance de ces vertus à partir de son propre ressenti, de sa manière de voir. En lui apprenant à observer le monde avec un esprit à la fois ouvert et critique, on l'aide à se former un jugement personnel qui lui permettra de faire des choix de vie qui conviennent à sa nature, d'être dans sa cohérence, en accord avec lui-même et avec les autres.

Tout enseignement devrait être relié au sens. Sans le sens, rien ne pousse qui peut durer ou soit épanouissant.

Il y a belle lurette que l'on aurait dû apprendre aux enfants comment gérer le stress, comment utiliser leur respiration. Comment éveiller leur conscience. Ce serait pour le coup vraiment du temps de gagné pour la suite de leur vie. Stimuler la paix intérieure à travers l'éducation des enfants permettrait de créer et partager cet élément essentiel à l'âge adulte plus facilement. Il est bien dommage que ça ne soit pas au programme. Il n'est jamais trop tôt pour s'initier à la pleine présence. Il devrait y avoir des cours de méditation à l'école, ce serait excellent pour la concentration qui semble être le point faible de la jeune génération. Elle devrait être enseignée dès le plus jeune âge. Quand on parlera de l'initiation à la méditation dans les écoles (on peut rêver), là ce sera une réforme essentielle, qui aidera réellement à affronter un monde qui nous dépasse de plus en plus, et dont nous n'en sommes qu'aux prémices. Le programme de français devrait inclure de nouveaux philosophes, qui sont de leur temps, avec une analyse et un regard sur le monde d'aujourd'hui qui pourraient parler aux plus jeunes. Si nos enfants se concentrent plus difficilement aujourd'hui, ils font apparemment plus rapidement les associations. Peut-être que la méditation les aiderait à faire les bonnes pour leur vie, leur cohérence profonde. La langue des signes aussi, qui à peu de choses près est la langue universelle par excellence, dont l'aspect ludique apporterait aux enfants de la joie dans l'échange, devrait exister dans toutes les écoles. Mettre un nom sur une émotion n'est pas évident pour un enfant, mais l'associer à une couleur lui permet d'y mettre des nuances et de l'exprimer. C'est le propos du livre jeunesse d'Anna Llenas, *La Couleur des émotions*. Voilà qui est intelligent, intéressant et porteur de sens.

Puisque nous en sommes à parler de l'éducation de nos enfants, parlons aussi de leurs vacances. Connaissez-vous des associations comme Les diablotins de Tourtour ? Je vous engage à aller voir leur site. Si vous habitez dans le Sud, vous allez pouvoir inscrire vos rejetons à des stages dont ils ressortiront avec des étoiles plein les yeux. J'ai découvert cette association cet été avec des amis. Petits et grands étaient totalement séduits par tout ce qui était proposé, la qualité des prestations, des costumes, des scénarios. Ce sont des séjours avec des jeux de rôles. Grandeur nature. De 6 à 17 ans. Séjours médiéval, féerique, viking, au choix. Fantaisie, histoire et magie… Au lieu de regarder ça au cinéma ou sur les jeux vidéo, c'est la joie de le vivre. Tout est fait pour développer l'autonomie, la confiance en soi, la prise de responsabilité, mais aussi la socialisation dans une synergie de groupe où se retrouvent des enfants de tous horizons. C'est l'immersion dans le jeu. Sous les costumes, il n'y a plus de différences. Même les enfants en situation de handicap participent. Quoi de plus beau que de faire rêver et rire nos enfants. Il faut rechercher des lieux comme celui-ci. Ou les créer. Encore une fois, à travers le jeu on apprend beaucoup de choses que l'on n'oublie pas. C'est une tâche plus délicate quand il s'agit de l'adolescence. Les jeunes n'aiment majoritairement pas le silence. Normal. Ils aiment la fête, la musique, le bruit. La jeune génération boit beaucoup mais ne savoure pas. Elle consomme jusqu'à l'ivresse. Atteindre cet état le plus vite possible pour être bien, s'évader. Mais quand font-ils l'expérience de la rencontre avec eux-mêmes ? J'espère qu'ils sont plus prêts que nous le pensons pour ce nouveau monde. À nous surtout de ne pas leur communiquer nos peurs. Oui, les temps ont changé, oui, nos valeurs prennent sérieusement l'eau, mais toute une jeunesse engagée a déjà une autre approche de ce monde et travaille avec d'autres outils que nous.

L'enfant enseigne le don gratuit

L'enfant enseigne le don gratuit. Quand on est parent, on donne beaucoup, on ampute sa vie d'une liberté, de certaines envies, d'un temps qu'on ne s'accorde pas, en sachant qu'il ne faut rien attendre en retour. Car pour l'enfant c'est normal.

Les trois premières années de ma vie avec Migmar, ma fille, n'ont pas été de tout repos. Alors qu'elle n'était encore officiellement que ma filleule, que je passais un mois par an en vacances avec elle dans le Sud de l'Inde, ce lien bien qu'intense et joyeux restait en pointillé, même s'il était accompagné de fréquents échanges téléphoniques. Sa vie était au TCV, dans le village d'enfants tibétains. Mais quand enfin, après sept ans, nous avons pu sauter le pas pour une vie ensemble, tout a été différent, forcément. Au niveau des émotions, je peux dire que cela a été riche. Chargé de tout à la fois. Toutes les couleurs étaient au programme. La douche écossaise aussi, et j'y ai bien souvent perdu mon latin, comme on dit. Il y a eu beaucoup de vagues et de tempêtes, d'incompréhensions de part et d'autre avant que ne vienne le lâcher-prise, et que s'installent le calme et l'harmonie. Tout le monde me pose la question de savoir si elle s'est adaptée à notre vie occidentale. Je dois dire qu'elle s'y est adaptée à la vitesse grand V. Parfois même un peu trop vite. Mais ce que je n'avais pas mesuré, en revanche, c'était ma propre faculté d'adaptation à cette situation si nouvelle à plus de 50 ans. Et la difficulté de passer de deux à trois harmonieusement…

L'affection, l'amour, c'est une chose, mais le changement de vie, de comportement, la disponibilité que cela implique en est une autre, et il m'a fallu dépasser bien souvent ce que je ressentais comme une profonde « injustice » dans ses réactions. Malheureusement, je pense que c'est le lot de tous les parents, en tout cas à 90 %, de faire face à cette période de l'adolescence. J'ai vraiment découvert le travail parental. Et je pense que c'est le plus difficile qui soit. L'éducation de ma génération n'était pas la même. Nous avions des règles de respect quand même plus strictes. Aujourd'hui, quand parfois j'entends les ados parler à leurs parents ! et que ça semble normal ! Quitte à être traitée de réac, je confesse que cet irrespect me choque. Personnellement, ça ne me serait même pas venu à l'idée. Et si par hasard ça avait été le cas, j'aurais vite été remise dans le droit chemin. Le temps passe, le monde change, et installe d'autres rapports. D'autant plus qu'il y a un détail qui n'est pas à minimiser. À savoir qu'aujourd'hui, dans bien des foyers, l'éducation est inversée. Les jeunes en savent plus que leurs parents sur l'informatique. Ce qui pour nous peut éventuellement être une galère est pour eux un jeu d'enfant. Ils sont nés là-dedans. Ils ont eu directement accès à ce champ d'informations. Ce ne sont plus les parents qui enseignent leur expérience, mais les enfants qui bien souvent prennent la main sur un problème informatique avec une vraie dextérité. Les rôles sont inversés. Ce n'est pas un petit détail. Quoi qu'il en soit, on sait bien que l'autorité seule ne donne rien de bon. Il faut qu'il y ait de l'écoute, de la complicité, mais un cadre est malgré tout nécessaire, parce qu'il rassure. Il faut aussi s'astreindre à une belle vigilance. Les enfants ne font pas de cadeaux, jugent facilement, mais vous restez malgré tout leur premier modèle. Il faut être inspirant. Encourager, sans imposer. Ne pas demander de faire ce que l'on ne fait pas soi-même. Bref, être parent, c'est quand même un job à plein temps, et un grand enseignement.

D'ailleurs, les enseignements m'ont beaucoup aidée dans ces moments. Je me fustigeais parfois de mes attentes qui n'avaient pas lieu d'être. Car si j'avais pris sous mon aile ce merveilleux petit bout de femme du Toit du monde, c'était bien avant tout pour elle, pour lui donner un espoir de vie meilleure, un ancrage. Je ne savais pas qu'elle allait être mon maître, et me faire travailler à ce point sur moi (sourire). Il a fallu trois ans pour s'apprivoiser mutuellement. Une sacrée aventure humaine. Sans compter la première année avec toutes les démarches administratives qui m'ont emmenée dans un brassage de papiers et d'explications qui sont tout ce que je déteste. Puis la scolarité, et l'impuissance que j'ai pu ressentir pour l'accompagner dans son orientation. Je mesure la chance que j'ai eue de « tomber dans la marmite » à quinze ans, en tournant presque par hasard mon premier feuilleton avec Mehdi, *Le Jeune Fabre*. Alors que je me destinais au professorat d'anglais, la vie en a décidé autrement. Ma voie s'est ouverte avant d'avoir connu les angoisses du choix. Je n'avais certes pas conscience de la nature de ce cadeau à l'époque. J'en mesure maintenant la valeur. Mais pour le coup, je me suis trouvée bien embêtée pour conseiller ma fille. Que conseiller quand il n'y a pas d'envie précise ? C'est difficile pour nos jeunes d'avoir confiance en l'avenir. Difficile de se projeter. Tous les parents se trouvent dans cette situation, mais je dois reconnaître que je me suis sentie bien démunie. Elle n'avait pas d'envie précise, mais un refus de rester sur les bancs de la fac. Pourtant, il fallait avancer.

La transmission inattendue

Gourmande et gourmet, le sens du goût développé… Une formation dans le domaine du vin, quand même sacré en France, pouvait être une bonne chose. Migmar a donc fait un joli parcours dans le milieu du vin… jusqu'au confinement où tout a basculé. Son ciel s'est ouvert. Elle a commencé à filmer avec mon appareil photo GH5, et s'est abreuvée non-stop à la source des tutos qui traitaient de filmer, monter, étalonner, etc. Et je me suis retrouvée en l'espace de deux mois avec une artiste en herbe qui avait le même vocabulaire professionnel que moi et maîtrisait déjà incroyablement une technique qui m'était totalement inconnue. Qui l'eût cru. À l'heure où j'écris ces lignes, j'ai à mes côtés une merveilleuse petite jeune femme qui a découvert sa passion pour l'audiovisuel, dont la personnalité ne cesse de s'affirmer. Créer un univers à travers l'image, le faire connaître. Mettre en film ce qu'elle ressent, ce qui lui tient à cœur sera sûrement un jour son chemin. Par le documentaire ou la fiction. La vie de plateau et le bonheur de rejoindre une équipe pour travailler à une œuvre commune est un réel bonheur que j'ai toujours savouré, sans jamais me lasser, et que Migmar découvre avec la même joie. Je ne me prive pas, chaque fois que j'en ai l'occasion, de l'emmener avec moi. Me dire que peut-être un jour ma fille me mettra en scène me remplit d'un immense bonheur. Pour elle, ce confinement a été comme un coup de baguette magique avec la révélation de cette passion pour l'image et la perspective d'en faire son métier. Une maturité est arrivée d'une façon étonnante du jour où elle a su où allait son cœur, et trouvé sa voie. Je la vois grandir, dans sa tête et dans son cœur. Et c'est elle aujourd'hui qui parfois me motive. Elle a la discipline de son corps et de son cœur. La méditation ? Un peu tous les matins. Ou le soir. C'est une meilleure élève que moi. À 24 ans elle a déjà eu trois vies. Au Tibet, en Inde, et en France. Et maintenant je sais quelle sensibilité si dévastatrice se cachait derrière l'impassible et insupportable dureté dont elle me gratifiait parfois. Une protection, un rideau, qui n'avait pas lieu d'être mais qui était son fonctionnement, sa défense face à tout ce qu'elle avait déjà traversé dans sa si jeune vie. Patience, confiance et amour. Il a fallu beaucoup de tout ça. Et du temps. Mais ça en valait tellement la peine. J'aime le regard qu'elle pose aujourd'hui sur les choses, sa réflexion, sa volonté aussi, et notre complicité ne cesse de grandir. L'amour douceur s'est inscrit dans un quotidien tellement plus joyeux, plus évident, et m'inonde simplement quand je la regarde en disant tout bas et en pensant très fort : ma fille…

J'ai à vrai dire du mal avec le mot adoption, car j'ai le sentiment beaucoup plus fort et vibrant de l'avoir retrouvée et non « adoptée ». C'est étrange comme sensation. Je lui ai toujours dit que sa place dans ma vie n'aurait pas pu être celle d'un quelconque autre enfant. Adopter n'était plus dans mes projets. Tout cela s'est fait parce que c'était elle, parce que c'était nous. Il me semblait important qu'elle en soit bien consciente. Ne serait-ce que pour ne jamais donner prise à d'éventuelles remarques bien intentionnées…

Je crois que les grandes aventures de vie sont programmées, peut-être dans une dimension qui nous échappe. C'est comme si nous devions nous retrouver mais accepter le temps qu'il faut pour nous adopter mutuellement. Quoi qu'il en soit, c'est une grande leçon d'impermanence. Tout est en mouvement, sans cesse. Il y a toujours une place pour l'espoir.

La solitude

Le pouvoir du chant

Toutes les formes d'expression de soi sont importantes et révélatrices. D'abord pour soi, mais aussi pour les autres. La voix porte les messages de notre cœur. C'est tellement capital de savoir les exprimer. Chacun devrait apprendre à le faire. Le chant a des vertus puissantes et apaisantes qui mettent en joie. Il nous met en vibration. Il donne confiance. Il y a des initiatives communales mises en place pour nous donner la chance de l'expérimenter. Les chorales existent un peu partout. N'hésitez pas, allez-y si vous en avez la possibilité ! Vous vous surprendrez vous-mêmes. Si vous n'osez pas dans un premier temps, chantez au moins sous la douche. On oublie que l'on peut chanter tout simplement et le bien-être qui en résulte.

J'ai fait des disques, certes, et j'ai le bonheur qu'ils aient été des succès, mais pour autant je ne suis pas vraiment une chanteuse. Je n'ai jamais fait de concerts. Et je le regrette. Je pense qu'il n'y a rien de plus magique que de partager des chansons sur scène avec son public.

Être une actrice de télévision ou de cinéma n'existe qu'avec une chaîne de télévision, un producteur, un metteur en scène et toute une équipe. C'est-à-dire beaucoup de monde. Il n'y a pas beaucoup d'autonomie dans tout ça. Le bonheur d'être acteur est plus authentique au théâtre qu'à la télévision, mais c'est à travers la chanson que l'on fait le plus de choses. Le monde de la chanson permet de créer un événement. Ne serait-ce que l'exemple des Enfoirés. Le chanteur est plus libre, un écrivain aussi, dont les mots peuvent changer une vie. Mika a fait un concert au Liban dernièrement, pour son pays. Une pléiade d'artistes a chanté pour l'Ukraine. La musique réunit le monde, réunit les cœurs. En Lettonie, il y a carrément des stades où les gens viennent pour chanter ensemble. Des dizaines de milliers de participants, de tous âges, de toutes conditions, de toutes nationalités vont se retrouver à Riga, la capitale de la Lettonie, pour participer à la fête nationale lettone du chant choral. Comme aiment le rappeler les Lettons : chanter ensemble est bénéfique pour la santé de chacun, mais aussi pour l'harmonie entre nations… En letton, le verbe chanter et le verbe soigner sont les mêmes. Cela veut tout dire. Autant de personnes, autant de caractères différents qui se retrouvent pour une expression artistique et la recherche de l'harmonisation. Le chant est un exutoire puissant. Le sport est aussi un facteur de regroupement, mais en devenant passionnel, il entraîne parfois des dérives, des affrontements aussi stupides que stériles dont l'homme n'a pas à être fier. Si le besoin de se regrouper est nécessaire à l'homme, il faut savoir alterner regroupement et solitude. On peut se noyer dans les deux.

Craindre la solitude est une erreur. C'est un retrait nécessaire pour l'apaisement. Il ne faut pas la fuir systématiquement, elle est salutaire et à mon avis indispensable. Pour des raisons familiales ou de couple, on se trouve très vite amputé au fil du temps de cet espace si personnel, parce qu'il fait vite partie des compromis qui nous sont imposés ou que l'on s'impose à soi-même, alors que finalement on pourrait le négocier au départ et ne pas en déroger. Une fois que le pli est pris c'est plus difficile. Tout peut être mal interprété. Ce n'est pourtant pas un repli sur soi, pas une fuite, mais un vrai besoin. Il faut prendre le temps de l'expliquer et en avoir le courage. Je sais que ce n'est pas toujours évident, car tout le monde n'éprouve pas consciemment cette nécessité, et choisit même parfois le leurre d'être entouré à tout prix, ce qui est une forme d'enfermement. La peur d'être seul. Seul avec soi.

Malheureusement, il y a deux solitudes. Celle que l'on recherche, qui est un véritable besoin pour se recentrer et méditer, et l'autre, qui peut venir avec l'âge, la maladie, le deuil, une mise à l'écart, un isolement après un changement social, etc. Une forme de désespérance. Celle-là est terrible. Elle engendre tristesse et frustration.

Quand on pense qu'il y a un ministère de la Solitude en Grande-Bretagne ! C'est triste, mais il faut reconnaître que c'est un ministère dont on aurait, hélas !, bien besoin partout. Dans tous nos pays « évolués ». C'est un des fléaux de notre société.

Chez les peuples premiers, cela n'existe pas. Tout le monde vit ensemble. Et les anciens sont respectés pour leur expérience. Ils ne sont pas mis de côté et restent utiles à la communauté. La défaillance du corps est déjà difficile à supporter, mais si en plus nos anciens ne ressentent que le poids d'être un inutile fardeau, quelle tristesse cela doit être. J'espère que parmi ceux qui me liront, certains seront interpellés par ces dernières lignes. Et c'est tant mieux. Car si vous saviez ce qui se passe dans certaines familles, vous seriez atterrés. Si la mort est un passage, ce qui la précède peut être un enfer.

Résidences séniors et maisons de retraite

J'ai été marraine d'Ovélia, qui proposait des résidences séniors réellement de qualité (sans être super luxe et hors de prix), où la décoration n'avait rien à voir avec ce que j'avais pu visiter jadis avec maman. On avait l'impression d'entrer dans un hôtel. Le restaurant était chaleureux, et les responsables triés sur le volet. J'ai beaucoup parlé avec les résidents. Certains avaient décidé de venir là pour que leurs enfants ne s'inquiètent plus. D'autres pour ne pas être seuls avec la crainte d'un quotidien qui commençait à devenir difficile à gérer, d'autres enfin contraints et forcés, parce que manquant de plus en plus d'autonomie, mais persuadés de venir là pour mourir. Là encore, il y a confusion. Des résidences comme celles-ci sont une chance de continuer sa vie de sénior dans des conditions agréables, ce ne sont pas des maisons de retraite qui laissent souvent à désirer. Des groupes se créent. Ils peuvent partager leurs souvenirs communs parce qu'ils sont de la même génération. Ils ont les mêmes préoccupations. Un peu plus jeunes, un peu plus vieux, il y a des personnes très valides et actives, qui n'ont pas envie d'être isolées, qui mènent leur vie mais qui sont rassurées par un endroit comme celui-ci en rentrant le soir. C'est une mini société en fait, et il y a toutes sortes de caractères. La présence d'une « tati Danielle » dans une résidence est malheureusement inévitable, mais au bout d'un moment on finit par l'ignorer et cela devient même comique. Dans l'ensemble, il y avait beaucoup de bonne humeur.

Maman, à la suite des départs successifs de sa sœur, de son frère, d'amis proches, souffrait entre autres de ne plus pouvoir échanger de souvenirs sur sa jeunesse. Je n'avais pas pensé à cet aspect-là. Franchement, j'aurais aimé la savoir dans un endroit comme celui-ci.

Je sais qu'elle se serait fait des amis, qu'elle aurait recommencé à jouer au bridge, et qu'elle n'aurait pas eu ce sentiment de solitude et d'inutilité, ni cette lassitude de vivre. Elle aurait bien sûr toujours eu ses douleurs, mais les aurait un peu oubliées en ayant un programme dans sa journée et des amis à retrouver. Le moral est tellement important. La plupart de ceux qui étaient arrivés dans ces résidences en traînant les pieds avaient retrouvé de l'optimisme et de l'énergie comme jamais ils ne l'auraient imaginé. Et même parfois l'amour…

Loin d'avoir été « plombée » par mes visites, j'ai plutôt trouvé un bel élan de vie et une jolie inspiration. J'espère de tout cœur que les choses ont continué ainsi.

Si ces résidences offrent une indépendance assistée et permettent de rester dans une pleine dignité, les maisons de retraite sont plus pénibles à envisager. D'autant plus que certaines ont donné lieu à d'énormes scandales. Il était d'ailleurs temps qu'à ce sujet les langues se délient et que les enquêtes aboutissent pour dénoncer tant d'abus dans certains établissements de ce genre. Bien pire encore, le problème des EHPAD. Des lieux trop souvent inhumains qui sont le dernier recours pour les personnes âgées en perte d'autonomie ou de facultés psychiques. Des lieux hors de prix où pour avoir la paix on transforme souvent les gens en zombies. Manque de personnel, appât du gain, quelle honte, mon Dieu ! J'espère que la punition sera à la hauteur de l'horreur que certains « salopards » ont fait vivre à ces anciens et qu'ils n'emporteront pas ça au paradis. Du jour où l'on met une personne dans un EHPAD, c'est pour elle une descente aux enfers. Je l'ai tellement vu autour de moi. La régression est immédiate. Pour le coup, il n'y a plus rien à vivre ni à attendre. Dieu me préserve de ce naufrage.

Je mets une petite réserve toutefois, car certains établissements médicalisés prennent encore soin des personnes en fin de vie ou atteintes de lourdes pathologies comme Alzheimer. Mais elles sont trop rares.

Il y a un film de Kev Adams qui est sorti il y a peu de temps sur ce sujet : *Maison de retraite*. Intéressant. le film est touchant, aborde les vraies questions, l'humain, le respect. Il a le mérite d'exister, d'interpeller, et d'être remarquablement joué. Bravo pour l'avoir fait, c'est courageux. C'est un sujet que je voulais aborder depuis longtemps, car je le trouve essentiel, et on m'a répondu à l'époque : « La vieillesse, les chaînes n'en veulent pas. » N'importe quoi. Tout est dans la façon de traiter un sujet et de mélanger les générations. Il y a des choses terribles et d'autres magnifiques. J'ai retenu une bien jolie phrase : « Dans chaque vieux il y a un jeune qui se demande ce qui s'est passé. » Car les envies restent les mêmes, les élans, mais le corps ne suit pas, ni le regard des autres. Alors petit à petit on élague l'arbre de vie, par une résignation que l'on appelle parfois à tort sagesse. L'âge, semble-t-il, permet aux séniors d'être moins sensibles, moins concernés par le jugement des autres. Ils semblent avoir fait le pas. Je dis bien *semblent*. C'est peut-être une forme de démission, de renoncement.

Je ne vais pas vous plomber avec cette fin. Terminons par un sourire. Même si vous n'avez pas eu l'occasion de voir le film *Indian Palace*, je vous engage à le faire, c'est un régal. Plusieurs retraités britanniques coupent toutes leurs attaches et partent s'établir en Inde dans ce qu'ils croient être un palace au meilleur prix…

Vous retrouverez plein d'acteurs que vous aimez, servis par cet humour anglais que j'adore et dont ils ont le secret. Au menu : Judi Dench, Maggie Smith, Bill Nighy, Ronald Pickup, Tom Wilkinson, Penelope Wilton (si si vous les connaissez. Quand vous verrez leur visage ça vous reviendra) et Dev Patel (*Slumdog Millionaire* ou *Lion*). Bonne humeur assurée.

Bien vieillir

Bien vieillir n'est pas toujours facile. L'entourage est capital. Le travail sur soi également. On ne peut hélas qu'accepter l'inéluctable outrage du temps. Je ne suis pas pour le fuir, mais pour l'apprivoiser. J'ai vu tant « d'accidents » sur trop de femmes à qui toute expression de vie, tout charme, était enlevé. Même les hommes aujourd'hui s'y sont mis. C'est dommage dans bien des cas. Non je ne débinerai pas.

Il est plus dur de vieillir pour une jolie femme, habituée aux regards des hommes. Encore plus pour une actrice sous les projecteurs, ayant toujours dépendu du regard des autres, et forcément de leur jugement péremptoire et sans appel. « Eh ben dis donc, elle a pris un sacré coup de vieux ! » Ou encore plus élégant : « Putain elle a pris cher hein !! » Les gens publics n'ont pas le droit de vieillir... On me dit souvent que je ne fais pas mon âge. J'ai pourtant l'impression d'avoir déjà eu deux vies. Une avant la maladie, et une après. La première pleine de petits bonheurs inconscients, la seconde pleine des mêmes petits bonheurs vécus en conscience comme un cadeau. Et ça change tout. Si je ne fais pas mon âge, je dois d'abord dire merci papa, merci maman. Tous les deux faisaient facilement dix ans de moins que leur âge. Nous ne sommes pas tous égaux face au temps qui passe. Mais un capital s'entretient. Ça commence bien sûr par une bonne hygiène de vie. Ne pas abuser de l'alcool, ne pas manger n'importe quoi. On se fait plaisir lors d'un dîner ou un déjeuner avec des amis, on se lâche, mais le lendemain on reste vigilant et on se serre un peu la ceinture. Question d'habitude. Une petite discipline quotidienne pour maintenir sa souplesse et garder son corps en forme. Évidemment, quelques compléments alimentaires bien choisis sont nécessaires. Prendre soin de l'intérieur avant de penser aux crèmes. Magnésium, sélénium, oméga 3, silicium G5 par exemple... à voir avec une nutritionniste pour adapter au mieux, mais c'est la base. À partir d'un certain âge, le budget fringues bascule sur les compléments alimentaires parce qu'il est plus que nécessaire de compenser ce que le corps a plus de mal à produire. Si vous ne connaissez pas les bienfaits du bol Jacquier, je vous suggère aussi de vous y intéresser. Une petite séance de temps en temps ne peut vous faire que du bien. Le jeu en vaut la chandelle, comme on dit. Passé 60 ans, on a intérêt à avoir pris l'habitude de certaines habitudes… Mais au-delà de ça, on sait bien que le corps et l'esprit sont liés. La nourriture de l'esprit est capitale, et l'on doit cultiver son art de vivre, rester curieux, s'intéresser à d'autres univers, apprendre une langue étrangère ne serait-ce que pour faire travailler sa mémoire. C'est une façon de tromper le temps et de garder son enthousiasme. Être bien avec soi, vivre en conscience de ses pensées et de ses actes, cultiver la joie et l'attention à l'autre, tout cela c'est l'art de vivre. Il est important de se nourrir de pensées positives et de faire le bien tant que faire se peut. Les rides deviendront finalement secondaires. La soixantaine est l'âge ou les bilans peuvent cogner l'âme. Souvent, je pense à ceux avec qui j'ai débuté à l'âge de 15 ans. Ceux qui ont été mes modèles parfois. La plupart sont partis. C'est normal. Mais quand je retombe sur les photos, ça fait quand même un drôle d'effet. Un mélange de nostalgie et de tristesse. De réflexion aussi. Il y a eu des personnes tellement importantes pour moi. Heureusement, je compte aussi les amis qui sont toujours dans ma vie. Depuis si longtemps. J'ai la chance de les avoir. Des amis de jeunesse, de tournage, ceux que j'ai rencontrés au cours d'événements marquants. C'est important de vieillir avec eux et de pouvoir en rire. Ça fait chaud au cœur. L'amitié est un trésor et un atout pour mieux vivre et dépasser l'inéluctable confrontation avec le temps.

Associations et bénévolat

Je suis triste de toute cette violence de plus en plus présente. Partout. Même dans les écoles, où la notion de la vie et de la mort semble s'être modifiée, envolée avec les étoiles des jeux vidéo saluant la mort de l'ennemi qui ressuscite le coup d'après. C'est un état de fait, notre monde est violent, mais de le répéter sans arrêt ne change rien. Nous sommes comme englués dans un état qui nous concerne mais ne nous appartient pas. Nous, nous avons le devoir et le pouvoir de cultiver la lumière en nous envers et contre tout. L'amour est la plus belle émotion qui soit. Quand elle vous habite, vous vous sentez incroyablement complet. Elle résonne dans tout votre être et l'habille du sentiment de joie. Les tracas sont minimisés, relativisés, et tous les manques ont disparu comme par enchantement. Lorsque vous tendez la main et soulagez la souffrance de l'autre, la joie vous parle. Ce sont ces envies et ces élans positifs qu'il faut libérer et encourager. Nourrir les émotions négatives n'amène rien de bon. Jamais. Le monde associatif est celui où je trouve le plus de sens et où je vois le plus de joie. Il est riche d'hommes et de femmes d'exception. J'y ai fait des rencontres magnifiques et pérennes. Les centaines d'enfants parrainés par Graines d'Avenir qui ont pu recevoir une éducation et plus, et les belles rencontres qui en ont découlé. Les Chevaliers du ciel et les leçons que j'ai pu prendre de tous ces gamins en situation de handicap et de leurs parents ou éducateurs, ainsi que des pilotes et de tous ceux qui font partie de cette belle organisation. À l'occasion de plusieurs étapes auxquelles j'ai participé, j'ai rencontré bon nombre de personnes parmi les accompagnants qui sont venues me confier que leur vocation était née en suivant la série *Pause-Café*. C'est à chaque fois une belle émotion pour moi que d'apprendre cela. Il y a aussi l'équipe de France de para-dressage que je suis depuis des années et ses organisateurs qui m'ont accompagnée à leur tour en mettant sur pied l'Equifun de Graines d'Avenir qui a lieu chaque année au magnifique pôle hippique de Saint-Lô. C'est une joie de rejoindre chaque année ces associations que je parraine depuis si longtemps, avec lesquelles j'ai tissé des liens profonds. Récemment, on m'a demandé de parrainer le Centre ressource de Lyon. Des structures comme celle-ci, que je connais, aident les personnes atteintes du cancer à garder une vie active, sociale et ludique en communauté. À garder leur dignité et leur confiance en eux. Il y a une explosion de cancers aujourd'hui qui met en cause, entre autres, la pollution environnementale. Les personnes atteintes de cancers sont de plus en plus jeunes. Le besoin est grand d'initiatives comme celles-ci pour combattre la solitude ou le désespoir. Le bénévolat prend toute sa mesure. Il est indispensable. Il y a énormément de mouvements associatifs dont on ne parle pas. Et beaucoup d'associations sont aussi initiées ou suivies par la jeunesse, ce qui me remplit d'espoir.

La force de l'exemple
À nous de polliniser

Il faut être capable de se référer à des valeurs telles que la reconnaissance de la diversité, le partage, la solidarité, la volonté de faire le bien autour de soi. Par une prise de conscience personnelle, il est possible de les partager et de les mettre en œuvre en favorisant la coopération pour construire un futur que nous souhaitons pour nous et surtout pour nos enfants, au lieu de subir des futurs imposés. Grand débat. C'est pourtant une attitude qui nous rendrait à la fois plus libres et plus responsables et nous permettrait d'agir dans un sens positif et bénéfique pour tous. À notre niveau déjà, sans avoir la prétention de changer le monde, nous pouvons reprendre la main sur notre vie pour jouer la « symphonie du vivant ». Être « éveillé », c'est déjà ne plus faire passer les autres après soi, ne plus s'accorder un privilège sur tous les êtres sensibles. Ne plus se placer au centre, position favorite de notre ego si gourmand, pour ne pas dire vorace, et ne jamais instrumentaliser l'autre. Souvent, nous avons de réelles pulsions altruistes, qui vite se retrouvent ternies par une autre pensée, de quelque chose qui pourrait aussi nous être utile. C'est bien de ce fonctionnement qu'il ne faut pas être dupe. Dans la vie que nous menons, l'ego est nécessaire, quoi qu'on en dise. Mais il y a Ego et EGO. Ce qui est certain, c'est qu'il faut essayer que cet ego fasse le moins de mal possible sur son chemin, et qu'empreint de conscience, non dirigé vers son seul intérêt, il nous engage à faire le bien. Alors plutôt qu'ego, disons ego éclairé, ou encore mieux force intérieure. Pour faire court, disons qu'on a du pain sur la planche. Il faut à notre tour polliniser, comme le bourdon. Il y a urgence. Les abeilles sont en train de mourir, et notre âme aussi.

« J'ai désiré faire le bien
mais je n'ai pas désiré faire du bruit,
car j'ai senti que le bruit
ne faisait pas de bien,
et que faire le bien ne fait pas de bruit. »
(Louis-Claude de Saint-Martin,
dit « le philosophe inconnu »)

Retroussez vos manches

À l'heure où j'écris, l'apoptose bat son plein. Je ne sais pas comment tout va évoluer. Pas vraiment de quoi se réjouir. Et le pire est peut-être à venir. Ou le meilleur, mais pas pour tout de suite. Ce qui est certain, c'est que ce ne sera pas sans de gros dégâts. Notre monde est en plein chaos. M. Nietzsche, puissiez-vous avoir raison ! Je prie pour qu'il accouche d'une étoile. L'accouchement risque d'être long. Il faut s'armer de beaucoup de courage et de force intérieure pour faire face à tout ce qui se passe… jusqu'à ce que ça passe. Envers et contre tout rester positifs bien qu'en connaissance de cause. S'armer d'humour avec la volonté de relever un défi. Ce qui est en route semble beaucoup trop puissant, mais passe aussi par notre prise de conscience et le regard que l'on porte et portera sur tout ça. Il y a toutes ces horreurs contre lesquelles nous ne pouvons rien faire, mais il y a toujours quelques petits miracles sur lesquels diriger notre attention. Des moments de bien-être au présent, à grappiller, à vivre, à développer comme un refuge. C'est là-dessus que nous devons diriger notre pensée. Faire partie de ceux qui choisissent la vision et la perception du miracle. Nourrir la dynamique de vie. On est vivant quand on est dans le défi, avec la capacité de puiser dans nos ressources qui sont bien supérieures à ce que l'on imagine. Restons curieux et vigilants. Courageux aussi. Nous avons tous notre part de colibri à faire. Nous avons tous notre petit combat à mener, en conscience, en étant fiers de le mener. Nous ne changerons pas le monde du jour au lendemain, mais nous le vivrons mieux. Si les lois nous retirent beaucoup de choix et de libertés, elles ne nous enlèvent pas la conscience. Essayons d'être comme les mimosas qui fleurissent en hiver. Il faut rester enthousiastes. Ça ne veut pas dire que nous sommes dans le monde des Bisounours. Ça veut dire que nous choisissons un optimisme de volonté face à un fatalisme de raison. Saviez-vous que l'étymologie du mot enthousiasme, c'est « être inspiré par les dieux ». C'est beau non ? Je ne peux pas mieux terminer ce livre que sur ces mots.

J'espère que ces dernières lignes vous auront donné envie ou conscience de faire partie de cette famille de résistants. Il n'y a plus qu'à retrousser vos manches, et votre confiance en vous. Comme disait sœur Emmanuelle, cette merveilleuse religieuse dont la vie et les actes ont été au-delà de toute religion : « Yallah ! les enfants ! »

ALBOROTO

Il y a quelques mois, j'écrivais le bonheur d'une promenade sur son dos dans la forêt d'Ermenonville, aujourd'hui j'écris le chagrin de l'avoir perdu.

Attendre... Que la douleur s'apaise, que les vagues se calment, pour que les mots soient justes. Pardon mon bel amour pour avoir été loin quand tes jours ont pris fin. J'aurais voulu glisser tant de mots silencieux, ces mots qu'on dit avec les yeux, et t'enlacer encore dans ce dernier adieu. Tant d'années sont passées, tant d'années à t'aimer, à te remercier de cette joie sans cesse renouvelée, de notre belle complicité, de cette confiance que l'on s'était donnée. J'ai aimé écouter les saisons défiler sous tes pieds, vibrer à l'unisson avec toi et tout ce qui nous entourait. Sur ton dos tant de fois, j'ai regardé le ciel et les arbres danser, et leurs feuilles naître, se faner et renaître. Toutes ces années, mon ami, mon amour. Tu as tout consolé, de ma mauvaise humeur à mes plus grands chagrins, par ta force et ton calme. De ta hauteur, j'ai chanté et pleuré. Juste en étant là simplement, tu m'as toujours aidée. Je t'ai aimé si fort, ne me lassant jamais de nos belles échappées. Tu étais mon bonheur. Tu n'étais pas que beau dans ta robe marbrée, ton œil si coquin me jouait aussi des tours quand en quelques secondes tu pouvais t'échapper. Et je m'amusais tant en pleine liberté à te faire cabrer, t'asseoir ou te coucher.

Mon petit clown, mon éternel ami, mon cheval adoré, tu es à jamais dans mon cœur.

Pour tout ce que tu m'as donné, pour tout ce qu'on a partagé, je te pleure, mais du fond de mon âme, je t'envoie mon amour et je te dis merci…

Quelques conseils de lecture

Livres de chevet

ANKAOUA Maud, *Kilomètre zéro,* Eyrolles, Paris, 2016.

BURENSTEINAS Patrick, *Un alchimiste raconte*, Massot éditions, Paris, 2017.

CALESTRÉMÉ Natacha, *Trouver ma place : 22 protocoles pour accéder au bonheur*, Albin Michel, Paris, 2021.

CASTELLS Lydie, LAGRANGE Cédric et POUJEAUX Sandrine, *Je découvre le potentiel de mon enfant par la numérologie*, Eyrolles, Paris, 2021.

CHARBONIER, *La Vie expliquée aux enfants mais aussi aux adultes*, Éditions Trédaniel, Paris, 2021.

DESJARDINS Arnaud, *Les Chemins de la sagesse*, Éditions de la Table ronde, Paris, 1999.

GIBRAN Khalil, *Le Prophète*, Éditions du Sagittaire, Paris, 1926.

HASKELL Stéphane, *Respire*, Michel Lafon, Neuilly, 2016.

LENOIR Frédéric, *Jung. Un voyage vers soi*, Paris, Albin Michel, 2021.

Lipton Bruce, *La Biologie des croyances*, Ariane, Paris, 2016.
Llenas Anna, *La Couleur des émotions*, Quatre fleuves, Paris, 2014.
Rinpoché Sogyal, *Le Livre tibétain de la vie et de la mort*, Éditions de la Table ronde, Paris, 1993.
De Saint-Exupéry *Antoine, Le Petit Prince*, Gallimard, Paris, 1945.

Revues fétiches

Ça m'intéresse
Inexploré
Natives
Reflets
Science et Vie

Composition et mise en pages
Nord Compo à Villeneuve-d'Ascq

Impression réalisée par CPI BRODARD & TAUPIN
La Flèche (Sarthe), en septembre 2023

N° d'édition : 5040/01 - N° d'impression : 3053818
Dépôt légal : octobre 2023

Imprimé en France